팀 켈러의
예수, 예수

Hidden Christmas

Hidden Christmas

by Timothy Keller

Copyright © 2016 by Timothy Keller
Korean Translation Copyright © 2017 by Duranno Ministry

This Korean edition published by arrangement
with Timothy Keller c/o McCormick Literary, New York,
through Duran Kim Agency, Seoul

팀 켈러의
예수, 예수

지은이 | 팀 켈러
옮긴이 | 윤종석
초판 발행 | 2017. 11. 20.
31쇄 발행 | 2024. 11. 28.
등록번호 | 제1988-000080호
등록된 곳 | 서울특별시 용산구 서빙고로65길 38
발행처 | 사단법인 두란노서원
영업부 | 02)2078-3333 FAX | 080-749-3705
출판부 | 02)2078-3330

책값은 뒤표지에 있습니다.
ISBN 978-89-531-2994-8 03230

독자의 의견을 기다립니다.
tpress@duranno.com www.duranno.com

두란노서원은 바울 사도가 3차 전도 여행 때 에베소에서 성령 받은 제자들을 따로 세워 하나님의 말씀으로 양육
하던 장소입니다. 사도행전 19장 8 - 20절의 정신에 따라 첫째 목회자를 돕는 사역과 평신도를 훈련시키는 사역,
둘째 세계선교TIM와 문서선교단행본·잡지 사역, 셋째 예수문화 및 경배와 찬양 사역, 그리고 가정·상담 사역 등을 감
당하고 있습니다. 1980년 12월 22일에 창립된 두란노서원은 주님 오실 때까지 이 사역들을 계속할 것입니다.

이 시대가 잃어버린 이름

팀 켈러의
예수, 예수

팀 켈러 지음 | 윤종석 옮김

두란노

¤

나의 손자손녀 루시, 케이트, 샬럿, 마일즈,

그리고 혹 "내가 보지 못할 더 많은 그들"에게.

그들 모두 크리스마스의 실화를 기뻐하기를 바라며.

차 례

Part 1
이 시대가 외면하는 진실

[어느 날, 우리 곁에
하나님이 직접 찾아오셨다]

Part 2

온 삶이 예수 생명에 젖다

[처음 우리를 지으신 분이
우리를 '다시' 지으신다]

소란한 축제에 가려진
한 사람을 찾아서

　　기독교의 성일(Christian holyday) 중에서 세상의 큰 명절
(holiday)이기도 한 것은 크리스마스뿐이다(아마 우리 문화에서
가장 큰 절기일 것이다).[1] 그러다 보니 크리스마스를 보내는 방
식도 달라졌다. 신자와 비신자 양쪽에서 동시에 큰 무리가
그날을 지키다 보니 양쪽 다 꽤 불편한 부분이 생겨났다.

　　우선 신자 부류의 신경에 걸리는 몇 가지 현상이 있
다. 크리스마스 축제를 즐기는 많은 비신자들이 점점 더

그 절기의 기독교적 기원에 대한 언급을 회피한다는 점이다. 12월이 되면 으레 흘러나오던 상점의 배경 음악들도 어느새 찬송가에서 크리스마스 팝으로 바뀌었다. 여기저기서 가족과 함께하고, 불우이웃을 돕고, 세상의 평화를 기원하는 기간으로 이 절기를 홍보한다. 이것이 못마땅한 어느 열렬한 신자는 대중적 웹사이트(gawker.com)에 "크리스마스는 이상한 세속 명절이다"라고 썼다.[2]

반면에 비신자들은 크리스마스의 본뜻이 자꾸만 불청객처럼 끼어드는 일이 마뜩지 않다. 예를 들어 아이들이 전통적 크리스마스 캐럴을 들으면서 불쑥불쑥 질문을 해댄다. "저 노래에 나오는 '거듭나게 하시고'(새찬송가 126장의 한 소절-옮긴이 주)라는 말이 무슨 뜻이에요?" 신앙이 없는 부모들은 자녀의 이런 물음에 답하는 일이 짜증스러울 수 있다.

물론 이날의 덕목을 전체 사회와 공유하는 일은 기독교 신자인 나로서도 매우 기쁘다. 세상의 크리스마스는 반짝거리는 불빛으로 가득 찬 마음 따뜻한 축제이고, 가족끼리 모이는 때이며, 가까운 이들과 어려운 처지에 놓인 이웃에게 후히 베푸는 기간이다. 이런 실천은 모두를 풍요롭게 하고, 크리스마스의 기독교적 기원에도 잘 들어맞는다.

크리스마스에서 상업성을 배제하기란 이제 불가능한 지경에 이르렀으므로 앞으로도 세상은 크리스마스를 계속 세속 절기로 즐길 것이다. 다만 우려하는 바는 그러다 보면 대다수 사람들 사이에서 이 절기의 참의미가 점점 더 퇴색하리라는 점이다.

어둠 속의 불빛을 강조하는 풍조는 세상의 희망이 세

상 바깥에서 온다는 기독교의 믿음에서 기원했다. 또 선물을 주는 행위는 자기 목숨까지 내어 주신 예수님께 대한 자연스러운 반응이다. 예수님은 모든 영광을 버리고 인간으로 오셨다. 어려운 형편의 이웃을 향한 관심은 하나님의 아들이 사회 상류층이 아니라 가난한 집안에 태어나셨음을 환기시켜 준다. 우주의 주인께서 인류의 가장 작고 소외된 이들과 같은 처지가 되신 것이다.

이 모두가 가슴 뭉클한 주제지만, 사실은 양날을 가진 검이다. 예수께서 빛으로 오신 것은 우리가 영적으로 너무 눈멀어 있어 스스로는 길을 찾을 수 없기 때문이다. 그분이 인간이 되어 죽으신 것은 우리가 도덕적으로 너무 타락해 다른 식으로는 용서받을 수 없기 때문이다. 예수께서 우리에게 자신을 주셨으니 우리도 그분께 자신을 온전히 드려야 한다. 그러므로 우리는 우리 자신의 것이 아니다(고전 6:19 참조). (하나님처럼) 크리스마스도 우리가 생각하는 것보다 더 경이롭고 더 치명적이다.

날로 더 세속화되는 서구 사회는 기독교 신앙의 근본이 되는 자신들의 역사적 뿌리에 해마다 더 무지해지고 있다. 그럼에도 불구하고 매년 한 번씩 크리스마스 시즌만은 수많은 대중에게 그 기본 진리들이 좀 더 가까이 다가온다. 무수히 많은 모임과 공연과 파티와 각종 행사에서 기독 신앙의 본질이 언급되고, 너도나도 실천에 옮기기까지 한다. 심지어 참석자 대부분이 비신자인 경우에도 말이다.

일례로 백화점과 마트와 길목에 울리는 〈천사 찬송하기를〉(Hark! The Herald Angels Sing)이라는 유명한 크리스마스 캐럴 가사에서 몇 가지만 짚어 보자.[3] 예수님은 누구인가? 그분은 "지극히 높은 하늘에서 내려와 처녀 몸에 나신 영원하신 주님이시다." 무슨 일을 하러 오셨는가? 그분의 사명은 "죄인인 우리들을 불러서 하나님과 화해시키는 것"이다. 그 일을 어떻게 이루셨는가? 그분이 "사람 몸을 입으셨다." 이 생명이 어떻게 우리 것이 될 수 있는가? 속사람이 영적으로 거듭나면 되는데, 앞서 보았듯이 이는 "두 번째 탄생"이라 할 만큼 우리 삶의 근본을 뒤흔드는 사건이다.

이 친숙한 캐럴의 짤막한 가사 속에 기독교의 전체 가르침이 훌륭하게 압축되어 있다. 이외에도 크리스마스와 관련된 유명한 노래나 성경 구절은 매우 많다. 하지만 이 캐럴처럼 기독교의 전체 가르침을 담아내는 경우는 드물다. 그래도 이 캐럴 덕분에 이처럼 스스로에게 묻고 답할 수 있어서 일 년 중 한때만이라도 무수히 많은 사람들이 이런 지식을 얻을 수 있지 않나 싶다.

크리스마스를 바로 알면 기독교의 근간인 복음을 바로 알 수 있다. 이 책을 통해 예수 탄생의 숨겨진 진리들을 드러내고 싶다. 크리스마스 때마다 등장하여 유명해진 성경 구절들이 있는데, 그중 일부를 살펴볼 것이다. 한 해의 이 한순간만은 세속 사회와 기독교 교회가 조금이나마 같은 것을 생각하는 때다. 4장까지는 마태복음을 중심으로 하나님이 크리스마스에 우리에게 주신 선물들을 알아보고, 5장부터는 누가복음을 중심으로 우리가 그 선물들을 기꺼이 받아들일 수 있는 방법을 살펴볼 것이다.

이 책을 다 읽고 나면 당신에게 크리스마스와 예수 탄생의 참뜻이 더는 희미하게 가리어져 있지 않기를 바란다.

HIDDEN
CHRISTMAS

— 이 시대가 외면하는 진실

어느 날, 우리 곁에
하나님이 직접 찾아오셨다

눈먼 세상의 빛, ──────── 예수

1

지금 이대로는
어둠에서 헤어날 인생이 없다

이사야 9장 2, 5-7절

² 흑암에 행하던 백성이 큰 빛을 보고 사망의 그늘진
땅에 거주하던 자에게 빛이 비치도다 ⁵ 어지러이 싸우는
군인들의 신과 피 묻은 겉옷이 불에 섶같이 살라지리니
⁶ 이는 한 아기가 우리에게 났고 한 아들을 우리에게
주신 바 되었는데 그의 어깨에는 정사(政事)를 메었고
그의 이름은 기묘자라, 모사라, 전능하신 하나님이라,
영존하시는 아버지라, 평강의 왕이라 할 것임이라
⁷ 그 정사와 평강의 더함이 무궁하며.

크리스마스 시즌이 왔음을 제일 먼저 알리는 신호는 바로 불빛의 등장이다. 거리 나무마다 꼬마전구를 걸고 창가에는 촛불을 밝혀 두어 어딜 가나 다 환하다. 뉴욕의 크리스마스 불빛은 웬만한 일에는 별 감흥이 없는 뉴요커들조차도 설레고 즐거워하게 만든다. 마치 온 세상이 무수히 많은 잔별들 속에 싸여 있는 것 같다. 크리스마스와 참 잘 어울리는 광경이다. 이 크리스마스라는 절기가 생겨난 지중해 세계와 유럽에서 12월 25일은 한 해 가운데 가장 어두운 시기이기 때문이다. 그러나 불빛은 단순한 장식 차원을 넘어 중요한 상징의 역할을 담당한다.

빛을 찾아 더듬거리는
어두운 세상

어두운 실내에서 무엇이든 하려면 불부터 켜야 한

다. 그렇지 않으면 보이지 않아 아무것도 할 수 없다. 크리스마스에 담겨 있는 영적 진리가 많지만, 먼저 이것부터 이해하지 않고는 나머지를 이해하기 어렵다. 즉 세상은 어두운 곳이며, 예수께서 빛이 되어 주지 않으시면 우리는 결코 길을 찾거나 실체를 볼 수 없다.

마태는 이사야 9장 1-2절을 인용하여 "흑암에 앉은 백성이 큰 빛을 보았고 사망의 땅과 그늘에 앉은 자들에게 빛이 비치었도다"(마 4:16)라고 말했다. 또 요한은 예수님에 관해 "참빛 곧 세상에 와서 각 사람에게 비추는 빛이 있었나니 그가 세상에 계셨으며 세상은 그로 말미암아 지은 바 되었으되 세상이 그를 알지 못하였고"(요 1:9-10)라고 했다.

세상이 '어둡다'는 말은 무슨 뜻인가? 성경에서 '어둠'이라는 단어는 악과 무지를 가리킨다. 우선 이는 세상에 악과 엄청난 고난이 가득하다는 뜻이다. 예수께서 태어나실 때 무슨 일이 벌어졌는지 보라. 폭력, 불의, 권력 남용, 노숙, 압제를 피하는 난민, 이산가족, 한없는 슬픔 등이다. 오늘날과 다를 바 없다.

세상이 "흑암에" 있다는 말은 악과 고난을 치유할 방도를 아무도 모른다는 뜻이기도 하다. 흑암에 행하던 백성이 큰 빛을 보리라고 한 이사야 9장 2절은 크리스마스와 관련된 유명한 구절로, 헨델의 〈메시아〉에도 예수 탄생의 예언으로 등장한다. 성경은, 이사야 8장 말미에 하나님께로부터 온 빛이 우리에게 왜 필요한지를 먼저 밝혀 두었다. 19-20절에서 사람들이 하나님 대신 신접한 자와 마술사에게 묻는 장면이 나오고, 뒤이어 그 장은 이렇게 끝난다. "이 땅으로 헤매며 곤고하며 굶주릴 것이라 …… 땅을 굽어보아도 환난과 흑암과 고통의 흑암뿐이리니"(21-22절).

무슨 말인가? 사람들은 세상을 바로잡으려고 인간의 자원과 '땅을 굽어본다.' 전문가와 신비주의자와 학자에게서 해법을 찾으려 한다. 그들은 우리가 흑암에 있는 것은 맞지만 우리 힘과 노력으로 이를 극복할 수 있다고 말한다. 오늘날에도 사람들은 똑같은 주장을 편다. 정부나 시장에 더 의지하는 이들이 있는가 하면, 날로 발전하는 첨단기술을 맹목적으로 떠받드는 이들도 있다. 이들 모두의 마음속에는 공통된 가정이 있다. 암울한 현실을 우리의 지능과 혁신으로 타개할 수 있다는 믿음이다.

몇 년 전에 〈뉴욕 타임스〉(The New York Times)에 실린 광고에서 이런 문구를 보았다. "크리스마스의 의미는 결국 사랑이 이긴다는 것과 우리 그리스도인이 세상을 연합시키고 나아가 세상의 평화를 이룰 수 있다는 것이다." 다시 말해 빛은 우리 안에 있으며, 따라서 세상의 어둠을 몰아낼 수 있는 주체도 우리다. 빈곤과 불의와 폭력과 악을 우리는 거뜬히 정복할 수 있다. 우리가 힘을 합하면 '세상의 연합과 평화'를 창출할 수 있다.

과연 그럴까? 20세기 후반, 사상 깊은 세계 지도자들 가운데 체코 공화국의 초대 대통령을 지낸 바츨라프 하벨(Václav Havel)이 있다. 그는 특유의 관점으로 사회주의와 자본주의를 둘 다 깊이 들여다보았고, 둘 중 어느 쪽도 그 자체로 인류의 중대한 문제들을 해결해 주리라고 낙관하지 않았다. 과학이 도덕규범에 따르지 않아 유태인 대학살이라는 비극을 낳았음을 그는 알았다. 그래서 첨단기술도 정부도 시장도 그 자체로는 핵전쟁, 인종간 폭력, 환경 파괴로부터 우리를 구할 수 없다고 결론지었다.

"하벨은 '인류가 추구하는 행복한 삶은 자기 힘과 애씀으로 스스로 구원에 이를 수 없으며 민주주의로도 부족하다. 하나님께로 돌아서서 그분을 구해야만 한다'라고 말했다.'" 덧붙여, "자신이 신이 아님"을 인류가 늘 망각한다

는 실상을 짚어 주었다.[2]

애쓸수록 어둠만 짙어질 뿐

〈뉴욕 타임스〉의 그 광고주는 진심이었겠지만, 크리스마스의 메시지는 '우리가 세상의 연합과 평화를 이룰 수 있다'는 것이 아니다. 오히려 정반대다. 하벨이 말했듯이 인류는 스스로를 구원할 수 없다. 사실 그는 무슨 정치 제도나 이데올로기로 인간의 문제들을 해결할 수 있다는 신념 즉, 자기 힘과 노력으로 자신을 구원할 수 있다는 믿음이 어둠을 더 악화시켰을 뿐이라고 역설했다.

철학자 버트런드 러셀(Bertrand Russell)은 신 내지 초월적 초자연의 차원이란 세상에 아예 없다고 믿었다. 그러나 당신도 그렇게 믿고 과학에서 해법을 찾고자 한다면, 결국 세상만 더욱 암울해 보일 것이다.

과학이 제시하는 세상 곧 우리가 믿어야 할 세상은 대체로 그러하여, 더는 목적도 없고 의미도 없다. …… 인간은

원인들의 산물인데, 그 원인들은 자신이 이루려는 목표를
예견한 바 없다. 인간의 기원과 성장과 희망과 두려움과
사랑과 신념은 다 원자들이 우연히 배열된 소산일 뿐이다.
그 어떤 열정과 용맹한 행위와 심오한 사상과 감정도
개인의 삶을 무덤 너머에까지 지속시킬 수 없다. 인류
역사상의 모든 수고, 모든 헌신, 모든 영감, 모든 총명하고
비범한 재능은 태양계의 총체적 사멸과 함께 소멸될
운명이다. 인류의 위업이라는 신전(神殿)도 우주의 황폐한
잔해 속에 송두리째 파묻힐 수밖에 없다. …… 요컨대
이런 진리를 발판으로 삼아 불굴의 절망이라는 견고한
기초 위에만 영혼의 거처를 안전하게 지을 수 있다.[3]

　　그야말로 암울한 전망이다. 이사야 8장의 말씀이 그
대로 드러난다. 즉 인간의 자원과 땅만 굽어보면 흑암이
더 짙어질 뿐이다.

　　크리스마스는 감상을 최대한 배제한 가장 현실주의
적인 인생관이다. 크리스마스는 "힘을 내! 다함께 힘을 합
하면 세상을 더 나은 곳으로 만들 수 있어!"라고 말하지 않
는다. 성경은 어둠의 세력에 무관심하지 말고 오직 저항

하라고 가르치지만, 그렇다고 그 세력을 우리 힘으로 이길 수 있다는 환상을 부추기지도 않는다. 기독교는 '우리가 최대한 애쓰면 문제를 해결할 수 있다'는 낙관론에 동의하지 않는다. 물론 미래의 디스토피아만 내다보는 비관론에도 동의하지 않는다.

기독교의 메시지는 '문제가 아주 심각해서 우리 스스로는 치유나 구원을 이룰 수 없다. 세상은 심히 어둡지만 그럼에도 불구하고 희망이 있다'는 것이다. "사망의 그늘진 땅에 거주하던 자에게 빛이 비치도다"(사 9:2). 이것이 크리스마스가 선언하는 메시지다. 보다시피 세상에서 빛이 솟았다고 하지 않고 세상에 빛이 비친다고 했다. 그 빛은 바깥에서 왔다. 이 세상 바깥에 빛이 있으며, 예수께서 우리를 구원하시고자 그 빛을 가져오셨다. 아니, 좀 더 확실히 말하면 그분이 바로 빛이시다(요 8:12 참조).

생명과 진리와 기쁨의 원천

어두운 세상에 하나님의 빛이 "비치도다"라고 말할

때 이사야는 태양을 상징으로 활용했다. 햇빛은 생명과 진리와 아름다움을 가져다준다.

태양은 우리에게 생명을 준다. 해는 모든 생명의 원천이다. 그래서 성경에도 하나님을 힘입어서만 우리가 "살며 기동하며 존재하느니라"(행 17:28)라고 했다. 우리가 존재함은 순전히 그분이 매순간 우리를 붙들어 세우시기 때문이다. 당신의 실존은 그분에게서 빌려온 것이다. 물리적 몸만 아니라 영과 혼도 마찬가지다.

성경에 따르면 본래 우리는 하나님과 바른 관계를 누렸는데 지금은 태초의 그 충만한 관계를 잃었다(창 3:1-24 참조). 우리 몸이 결국 죽는 것도 그 때문이고, 지금 영적으로 죽어 있는 것도 그 때문이다. 우리는 의미와 희망을 잃었고, 과도한 욕망에 중독되어 있으며, 깊은 불만족은 채워지지 않고, 정체성의 혼란과 수치를 겪으며, 변화될 능력이 없다.

태양은 우리에게 진리를 보여 준다. 야간에 전조등을 끄고 차를 운전하면 아마 다른 차든 주변 무엇인가에 충돌할 것이다. 왜 그런가? 빛이 사물의 진리 즉 실태를 드러내 주기 때문이다. 빛이 없으면 안전 운행에 필요한 진리가 부족해진다. 그래서 성경에도 하나님이 모든 진리의 근원이라 했다(요일 1:5-6 참조).

당신이 뭔가를 알 수 있음은 순전히 하나님 덕분이다. 그분이 당신의 뇌와 인지 능력을 지으셨다. 나아가 우리는 그분의 계시가 없이는 하나님이 어떤 분인지도 알 수 없다. 그래서 그분은 성경에 자신을 계시해 놓으셨다. 당신은 그분을 통해서만 사고력을 발휘할 수 있고, 그분의 말씀을 통해서만 그분의 정체와 피조물인 당신의 정체를 바로 알 수 있다.

태양은 아름답다. 빛은 찬란하여 기쁨을 준다. 물리적으로도 그렇다. 한 해의 일정한 시기에 일광이 몇 시간밖에 없는 지역이 있는데, 그런 데는 우울증을 앓는 이들이 많다. 빛이 있어야 기쁨도 누릴 수 있다. 하나님은 모든 아름다움과 기쁨의 근원이시다.

성 어거스틴(St. Augustine)이 남긴 유명한 고백이 있다. "주님 안에서 안식을 얻기까지는 우리 마음에 평안이 없나이다"《고백록》 1.1.1). 성 어거스틴은 사람이 다른 무엇을 즐거워하는 것 같아도 그 기쁨의 실제 근원은 하나님이라고 믿었다. 당신이 사랑하는 대상은 그분에게서 왔으며, 그분의 낙관(落款)이 찍혀 있기에 사랑스럽다. 모든 기쁨은 정말 하나님 안에 있으며 나머지 즐거움은 다 파생적이다. 알든 모르든 정작 당신이 찾으려는 대상은 그분이기 때문이다.

우리 사는 세상에
'아기'로 태어나시다

요컨대 우리에게 없고 스스로 지어낼 수도 없는 생명과 진리와 기쁨은 오직 하나님께만 있다. 그렇다면 하나님의 빛은 우리에게 어떻게 비치는가?(이사야 9장 2절의 "비치도다"라는 표현을 직역하면 "번쩍이도다"가 된다) 유명한 말씀인 같은 장 6-7절에 놀랍도록 직설적인 답이 나온다. 본문에 따르면 "한 아기가 우리에게 났고"가 곧 빛이 임한 방식이다. 이 아기가 빛을 가져온다.

그는 "기묘자, 모사, 전능하신 하나님, 영존하시는 아버지, 평강의 왕"이기 때문이다. 이 아기에게 붙여진 다섯 가지 칭호는 놀랍게도 하나님께만 해당된다. 그는 전능하신 하나님이요 영존하시는 아버지(창조주라는 뜻)인데도 아기로 태어나신다. 이런 주장은 다른 어떤 주요 종교에도 없다. 그분은 인간이면서 또한 하나님이시다! 신성의 아바타 정도가 아니다.

그저 '예수 탄생을 축하한다'는 흔한 크리스마스 인사로는 이 놀라운 탄생의 의미를 다 담아내지 못한다. 놀라서 말을 잃고 바라보며 경이와 사랑과 찬송에 젖는 것이 마땅하다. 하나님이 우리 사는 세상에 태어나셨다는 사실에는 많은 의미가 함축되어 있다. 책 전반에 걸쳐 살펴보겠지만 우선 그중 두 가지만 언급하려 한다.

첫째로, 예수 그리스도가 정말 전능하신 하나님이요 영존하시는 아버지라면 당신은 그분을 그냥 좋아하기만 할 수는 없다. 성경에서 예수님을 직접 보고 들은 사람들은 심드렁하거나 미지근하게 반응한 경우가 없다. 자신에 대한 그분의 주장을 일단 안 사람들은 그분을 두려워하거나 그분께 격노하거나 그분 앞에 무릎을 꿇고 경배했다.

그분을 그냥 좋아하기만 한 사람은 아무도 없다. "그분은 정말 멋져. 덕분에 나도 제대로 살고 싶어졌어"라고 말한 사람은 없다. 크리스마스에 태어난 아기가 '전능하신 하나님'이시라면 당신은 그분을 온전히 섬겨야 한다. 3장에서 이 주제를 다시 살펴볼 것이다.

둘째로, 예수님이 기묘자요 모사요 평강의 왕이라면 당신도 그분을 섬기고 싶어질 수밖에 없다. 왜 그분을 "모사"(counselor)라 칭했을까? 큰 역경을 지날 때는 똑같은 길을 걸었던 사람과 대화하면 좋다. 당신이 겪는 일을 상대방도 경험해 봐서 안다. 하나님은 정말 아기로 태어나 구유에 눕혀지셨으며, 다름 아닌 그분이야말로 당신을 참으로 이해하시고 당신의 경험을 속속들이 아신다.

다른 종교는 이런 주장을 내놓을 수조차 없다. 어떤 종교도 이렇게 말하지 않거니와, 하나님도 고생을 겪으셨고 용기를 내셔야 했다. 친구들에게 버림받고 억울하게 고문당하다 죽는다는 게 무엇인지 그분은 아신다. 크리스마스는 당신이 겪는 일을 그분도 아신다는 걸 의미한다. 그분께 아뢰면 그분이 다 이해해 주신다.

영국의 수필가이자 소설가인 도로시 세이어즈(Dorothy Sayers)는 오래전에 이렇게 말했다.

성육신(the Incarnation)이란 어떤 이유로든 하나님이 우리를

넘어지도록 …… 고생하도록, 슬픔과 죽음을 당하도록
그냥 두시기로 하셨다는 뜻이다. 단, 그분 자신도
정직하고 용감하게 똑같은 삶을 감수하셨다. …… 그분은
자신이 당하지 않으신 일이라면 그 무엇도 인간에게
요구하지 않으신다. 가정생활의 사소한 짜증, 고된 일과
재정 부족의 답답한 굴레에서부터 가장 참혹한 고통과
수모와 패배와 절망과 죽음에 이르기까지 인간의 모든
경험을 친히 겪으신 그분이다. …… 그분은 가난하게
태어나 …… 무한한 고통을 당하셨고, 이 모두를 우리를
위해 얼마든지 가치 있게 여기셨다.[4]

　　이사야는 그분을 "기묘자"(奇妙者)라 칭했는데 이는 그
분이 놀랍고도 아름다우시다는 뜻이다. 이제 우리도 그분
이 아름다우신 이유를 조금은 알 수 있다. 그분은 전능하
신 하나님 곧 무한히 높으신 분인데도 우리 중 하나가 되
셨다. 우리의 어둠을 아시고자 우리와 같은 처지를 자처하
셨고, 십자가를 져서 우리를 구원하셨다. 이 모두를 기꺼
이 자발적으로, 순전한 사랑으로 하셨다.
　　이 얼마나 아름다운가. 어떤 일이 단지 의무가 아니

라 아름다우면 우리는 그 앞에 서서 거기에 심취한다. 그
자체로 만족스럽기 때문이다. 그분께 순종해야 하는 이유
는 그분의 모든 정체와 또 우리를 위해 이루신 일로 보아
그분이 놀라우신 분이기 때문이다. 단지 의무라서가 아니
라 순종하고 싶기 때문이다.

　　요컨대 예수님은 세상에 오신 하나님의 빛이시다.
새 생명을 가져와 우리의 영적 죽음을 몰아내시기 때문이
고, 진리를 밝혀 우리의 눈먼 영혼을 치유하시기 때문이
며, 우리의 돈과 섹스와 권력 중독을 깨뜨리는 아름다움
자체이시기 때문이다. 기묘자요 모사이신 그분은 다른 누
구도 동행할 수 없는 사망의 그늘까지도 우리와 함께 통과
하신다(마 4:16 참조). 다른 불빛이 다 꺼질 때도 그분만은 우
리를 위한 빛이시다.[5]

선물을 쉬이
받아들이지 못하는 이유

　　그러면 이 빛은 어떻게 우리의 것이 될 수 있을까? 성

경을 잘 보면 "한 아기가 우리에게 났고"라고만 하지 않고 또한 "한 아들을 우리에게 주신 바 되었는데"라고 했다. 이 빛은 선물이다. 은혜의 선물로 기꺼이 받아야만 당신의 것이 될 수 있다.

이사야 9장 5절에도 그것이 암시되어 있다. 큰 전투를 말하면서 "어지러이 싸우는 군인들의 신과 피 묻은 겉옷이 불에 섶같이 살라지리니"라고 했다. 이 은유는 악을 무찌르고 큰 승리를 거두는 데 우리 쪽의 힘이 필요 없다는 뜻이다. 군화나 갑옷이나 검 아무것도 필요 없다. 그런 것들일랑 불사르고, 또 녹여서 없애 버리라. 누군가 당신을 위해 당신을 대신하여 싸울 것이다. 그는 누구인가?

이 본문에는 답이 없고 이사야 42-55장의 "종의 노래"로 넘어가야 한다. 거기서 선지자는 장차 올 신비의 구원자를 가리켜 이렇게 말했다. "그가 찔림은 우리의 허물 때문이요 그가 상함은 우리의 죄악 때문이라 그가 징계를 받으므로 우리는 평화를 누리고 그가 채찍에 맞으므로 우리는 나음을 받았도다"(사 53:5).

예수님은 십자가를 지심으로써 우리의 죗값을 치르셨다. 우리는 자신의 도덕적 노력에 의지하지 말고 그리스도께서 이루어 주신 일을 신뢰해야 한다. 그러면 하나님이 우리를 용서하시고 받아 주시며, 우리 안에 성령을 보내 속속들이 새롭게 하신다. 이 위대한 구원은 선물로 온다. 그것은 새 생명과 진리와 아름다움을 두루 갖추고 당신에게 번쩍 비치는 빛이다. 그것을 받으려면 그것이 과분한 은혜임을 인정하는 길밖에 없다.

크리스마스는 선물을 받는 때이기도 한데 생각해 보면 어떤 선물은 받아들이기가 참 어렵다. 선물의 성격상 당신의 자존심을 삼켜야 할 때가 있다. 친구한테서 받은 선물을 크리스마스 날 아침에 뜯고 보니 다이어트 책자였다고 상상해 보라. 이어 다른 친구가 준 선물 상자의 리본을 풀고 포장지를 벗겨 내니 《이기심을 퇴치하라》는 책이 나왔다. 그들에게 '정말 고맙다'고 말한다면 어떤 의미에서 당신은 '사실 나는 뚱뚱하고 이기적이다'라고 시인하는 모양새가 된다.

이처럼 어떤 선물은 받아들이기가 힘들다. 당신에게 흠과 약점이 있어 도움이 필요함을 인정하는 셈이기 때문이다. 혹시 친구가 당신의 재정적 어려움을 알아차리고 다가와 당신을 곤경에서 벗어나게 하려고 거액의 돈을 주겠다고 한 적이 있는가? 그런 일을 한 번이라도 겪었다면 알겠지만, 그 선물을 받아들이려면 자존심을 꿀꺽 삼켜야 한다.

예수 그리스도께서 내주시는 선물이야말로 당신의 자존심을 완전히 버려야만 받을 수 있다. 크리스마스는 우리가 철저히 잃어버린 바 된 존재라서 내 힘과 노력으로 나를 구원할 수 없으며, 따라서 하나님 아들의 죽음이 아니고는 그 무엇으로도 구원받을 수 없음을 뜻한다. 우리 스스로 분발해서는 행복하고 도덕적인 삶을 살아갈 수 없다.

크리스마스의 진정한 선물을 받으려면 내가 죄인임을 인정해야 한다. 은혜로 구원받아야 한다. 자기 삶을 통제하는 권한을 내려놓아야 한다. 내키지 않더라도 아주 낮은 데로 내려가는 것이다. 그리스도 예수는 밑바닥까지 내려와 우리를 사랑하셨다. 이 얼마나 위대한 사랑인가!

당신도 영적으로 거듭나고 그분의 위대한 그 사랑을 경험하고자 한다면, 결국 그분과 같은 길로 내려가야 한다. 그분은 내려가심으로 위대해지셨고, 성경에 나와 있듯이 당신도 회개를 통해서만 그분의 빛 속으로 들어갈 수 있다. C. S. 루이스(C. S. Lewis)가 아주 잘 말했다.

성육신은 새로운 핵심 원리를 보여 준다. 참으로
높으신 분이 낮은 데로 임하시는 능력이요, 지극히
크신 분이 지극히 작은 자를 품으시는 능력이다. ……
그 크신 분이 도처의 작은 자들 안에 들어가시는 이
능력이야말로 진정한 위대함의 시금석이라 할 만하다.
기독교의 이야기에서 하나님은 …… 내려오신다.
지존하신 절대자의 자리에서 시간과 공간과 인류 속으로
내려오신다. 발생학자들의 말이 맞다면, 그분은 거기서
더 내려가 인류 이전의 태곳적 생명의 단계를 태내에
재현하신다. …… 자신이 창조하신 세계의 맨 밑바닥과
해저에까지 내려가신다. 하지만 그분이 내려오심은
파멸에 떨어진 온 세상을 이끌고 다시 올라가시기
위해서다. …… 다이버를 생각하면 된다. 그는 초라하게
벌거벗고 밑을 내려다본 다음 풍덩 입수하여 사라져
버린다. 푸르고 따뜻한 수면을 지나 검고 차가운 물속으로
쑥 내려간다. 점증하는 압력을 통과하여 개흙과 습지와
오랜 부식물이 있는 사지(死地)로 빨려든다. 그러다 그는
색조와 빛이 있는 위쪽으로 다시 솟구치고, 마침내 허파가
터질 듯한 채로 불쑥 수면을 뚫고 올라온다. 손에는

되찾으려 내려갔던 소중한 물건이 물을 뚝뚝 흘리며
들려 있다.[6]

　　예수께서 십자가에서 죽으실 때 온 땅에 어둠이 임했
다(마 27:45 참조). 세상의 빛이신 그분이 어둠 속으로 내려가
신 것은 우리를 하나님의 아름다운 빛 가운데로 인도하시
기 위해서다(벧전 2:9 참조).

　　크리스마스가 주는 약속을 이해하려면 우선 인정해
야 할 것이 있다. 당신의 삶에 과분한 은혜로 비치는 이 빛
이 없이는 스스로를 구원하기는커녕 당신 자신을 제대로
알 수조차 없다는 사실이다. 이것이 근본 진리이며, 거기
서부터 출발해야 크리스마스의 감추인 의미를 배워 나갈
수 있다.

울고 있는 인생의 생명줄, ———— 예수

2

흠투성이 인생들을
'은혜의 식탁'에 둘러앉히시다

마태복음 1장 1, 3, 5-6, 16-17절

¹ 예수 그리스도의 계보라 ³ 유다는 다말에게서 베레스와
세라를 낳고 ⁵ 보아스는 룻에게서 오벳을 낳고
⁶ 다윗은 우리야의 아내에게서 솔로몬을 낳고
¹⁶ 마리아의 남편 요셉을 낳았으니 마리아에게서
그리스도라 칭하는 예수가 나시니라
¹⁷ 그런즉 모든 대 수가 아브라함부터 다윗까지
열네 대요 다윗부터 바벨론으로 사로잡혀 갈 때까지
열네 대요 바벨론으로 사로잡혀 간 후부터
그리스도까지 열네 대더라.

예수님의 출생을 밝힌 마태복음의 기사는 크리스마스마다 집중 조명하는 사건들(별과 목자와 구유)로 시작되지 않는다. 훨씬 고대로 거슬러 올라가 지루해 보이는 족보를 장황하게 나열한다. 이 대목에서 자칫 인내심을 잃고, 진짜 활동이 벌어지는 아래쪽으로 건너뛰기 쉽다.

그러나 크리스마스의 주제는 단순히 출생이 아니라 '강림'(降臨)이다. 하나님의 아들이 오실 일은 창세전부터 그분이 계획하신 일이었다(계 13:8 참조). 유능한 작가라면 누구나 그렇듯이 하나님도 예수라는 위대한 인물을 면면한 역사 속에 미리 암시해 두셨다.

그래서 이 본문에는 생각보다 배울 게 아주 많다. 이 족보는 크리스마스와 기독교에 관해 우리에게 무엇을 가르쳐 주는가? 지금부터 우리는 마태가 말하지 않은 내용과 말한 내용에서 각각 두 가지씩 배울 것이다.

예수 복음은
좋은 충고 정도가 아니다

마태는 예수 탄생 이야기를 "아주 먼 옛날에"로 시작하지 않는다. 그렇게 시작되는 건 동화와 전설과 신화와 〈스타워즈〉다. "아주 먼 옛날에"라는 말은, 그런 일이 아마 없었거나 사실 여부가 확실하지 않지만 그래도 배울 게 많은 아름다운 이야기라는 걸 넌지시 일러 준다. 그런데 마태가 내놓은 기사는 그렇지 않다. 그는 "예수 그리스도의 계보라"라고 했다. 예수 그리스도의 정체와 행적에는 역사적 근거가 있다는 뜻이다. 예수님은 허구가 아니라 실존 인물이다. 이 모두는 실제로 있었던 일이다.

그것이 그토록 중요한 이유가 있다. '충고'는 당신이 해야 할 일을 조언하는 것이다. '소식'은 이미 실행된 일을 전하는 것이다. 충고는 당신에게 뭔가 일을 해내라고 촉구한다. 소식은 이미 벌어진 일을 인식하고 그에 맞게 반응하라고 촉구한다. 충고는 모든 게 당신의 행동에 달려 있다고 말한다. 소식은 이미 누군가가 행동했다고 말한다.

어느 성읍 쪽으로 침략군이 쳐들어온다고 하자. 이

성읍에 필요한 것은 군사 고문단이다. 충고가 필요한 것이다. 보루는 여기에 쌓고, 참호는 저기에 파고, 사수들은 저 위에 배치하고, 탱크는 저 밑으로 가야 한다고 누군가가 설명해 주어야 한다.

그런데 막강한 왕이 이미 침략군을 요격하여 무찔렀다면 이제 이 성읍에 필요한 것은 무엇인가? 군사 고문단이 아니라 사자다. 사자를 일컫는 헬라어 단어 '앙겔로스'에는 '천사'라는 뜻도 있다. 사자는 '너희는 이렇게 해야 한다'고 말하지 않고 "내가 큰 기쁨의 좋은 소식을 너희에게 전하노라"(눅 2:10)라고 말한다. 다시 말해서 "그만 달아나라! 요새를 그만 구축하라. 더는 스스로를 구하려 하지 말라. 왕께서 너희를 구하셨다." 이미 일이 이루어졌고, 그래서 모든 게 달라진다.

크리스마스에 관한 성경 본문들은 역사에 실제로 있었던 일을 기록한 것이지 바른 생활의 좋은 본보기를 담은 《이솝 우화》가 아니다. 많은 이들이 복음을 또 하나의 도덕 강론으로 생각하지만 이는 천만부당한 말이다. 예수 탄생에 '이야기의 교훈'이란 없다. 그분의 부모와 목자들과 동방 박사들은 우리에게 교훈으로 제시된 존재가 아니다.

복음서는 전반에 걸쳐 당신이 해야 할 일이 아니라 하나님이 하신 일을 말해 준다. 하나님의 아들이 세상에 태어나신 일은 진리이고 기쁜 소식이며 발표다. 구원은 당신 스스로 하는 일이 아니다. 당신을 구원하시려 하나님이 오셨다.

다른 종교들과 많은 교회들은 구원을 충고 정도로 이해하고 또 그렇게 전한다. '당신이 애써 노력해 구원을 쟁취해야 한다. 당신이 무언가를 반드시 해야 한다. 당신이 기도하거나 순종하거나 의식이 바뀌어야만 구원이 온다.' 하지만 기독교의 복음은 다르다. 주요 종교 창시자들은 방식만 다를 뿐 '내가 너희에게 영적 실체에 이르는 길을 보여 줄 테니 그대로 다 행하라'라고 말한다. 그것은 충고다. 예수 그리스도는 오셔서 '내가 곧 영적 실체다. 너희가 결코 내게로 올라올 수 없기에 내가 너희에게로 내려왔다'고 말씀하신다. 이것은 소식이다.

물론 크리스마스는 하나님이 우리를 구원하러 오신 이야기의 시작에 불과하다. 예수님은 결국 십자가를 지셔야 한다. 하지만 그분의 생애와 구원 전체가 크리스마스에 배태되어 있어 장차 이루어질 일을 예고해 준다. 그분은 오셔서 우리를 대신하셨고, 우리의 죗값을 치르셨고, 우리가 당해 마땅한 일을 당하셨다.

하나님과 이웃에게 죄를 범한 우리가 마땅히 가야 할 곳은 어디인가? 바깥의 춥고 어두운 데다. 예수님은 춥고 어두운 마구간에서 태어나셨다. 하지만 그것은 전조에 불과하다. 생을 마치실 때 예수님은 "나의 하나님, 나의 하나님, 어찌하여 나를 버리셨나이까"(마 27:46)라고 부르짖으셨다. 그분이 십자가에서 영적 어둠 속에 내던져지셨기에 우리는 하나님의 따뜻한 임재와 빛 속에 들어갈 수 있다.

요컨대 기독교의 주된 관건은 수양이 아니다. 기독교는 단지 삶의 감화나 지침을 얻는 곳이 아니다. 물론 기독교의 복음은 당신이 살아가는 방식에 지대한 영향을 미친다. 그러나 근본 메시지는 당신에게 구원이 필요하며, 그 구원이 털끝만큼도 당신의 행위에서 나지 않고 그분이 이루신 일에서 난다는 것이다. 그리스도와 관계를 맺는 길은 윤리를 받아들이거나 개과천선하거나 심지어 공동체에 들어가는 게 아니다.

우선 역사에서 이루어진 일들을 믿어야 한다. 하나님은 정말 인간이 되셨는가? 예수님은 정말 당신을 위해

이 땅에서 사시고 고난당하시고 죽으셨는가? 정말 무덤을 이기고 부활하셨는가? 만일 그렇다면 성경이 말하는 삶의 방식도 다 정당성을 얻는다. 그러나 만일 성경의 이야기가 "아주 먼 옛날에"로 시작되는 감동적 충고일 뿐 역사상 가장 위대한 사건의 발표가 아니라면, 이 모두는 말짱 허튼소리에 불과하다. 크리스마스는 기독교가 단지 좋은 충고가 아님을 보여 준다. 기독교는 "큰 기쁨의 좋은 소식"이다.

궁극적 실체를 가리키는 이야기들

크리스마스 이야기는 픽션이 아니지만 단언컨대 픽션을 읽는 방식까지 아주 놀랍게 바꾸어 놓는다.

피터 잭슨(Peter Jackson) 감독이 톨킨(J. R. R. Tolkien)의 소설 《반지의 제왕》으로 첫 영화를 선보이기 직전까지도 문학 평론가들을 비롯한 문화계 인사들은 수많은 기사에서 공상 소설과 신화와 전설 따위에 열광하는 대중을 개탄했다. 그런 것들이 다분히 퇴행적 관점을 조장한다고 보았던 것이다. 모름지기 현대인이라면 더 현실주의적이어야 한다. 우리는 현실이 흑백이 아니라 회색이라는 것과, 해피엔딩은 실제 삶과는 거리가 멀다는 점에서 잔혹하다는 것을 깨달아야 한다.

앤서니 레인(Anthony Lane)은 톨킨의 원작 소설을 〈뉴요커〉(The New Yorker)지에 이렇게 논했다. "온통 허세로 점철된 책이다. 그런데도 책이라는 걸 처음 읽을 때 우리 대부분이 그랬듯이 거기에 끌려 다닌다면[정말 탐독한다면] 그만큼 …… 삶의 애매한 현실을 직면할 마음이 없다는 증거이며 비겁함에 가까운 처사다."[1] 그럼에도 불구하고 할리우드는 계속 여러 형태로 동화를 재활용한다. 사람들이 거기에 굶주려 있기 때문이다.

물론 《미녀와 야수》, 《잠자는 숲 속의 공주》, 《아서왕》, 《파우스트》 등 유명한 동화와 전설은 실제로 있었던 일이 아니다. 실화가 아닌 허구다. 그런데도 인간의 마음 속에 있는 일련의 열망을 채워 주는 것 같다. 사실주의적 픽션은 결코 그런 열망을 건드리거나 채워 줄 수 없다. 우리 마음 깊은 곳에 자리한 갈망이 초자연 세계를 경험하려는 갈망, 죽음을 면하려는 갈망, 영원한 사랑을 만나려는 갈망, 늙지 않고 오래오래 살며 창의적 꿈을 실현하려는 갈망, 하늘을 날려는 갈망, 인류 이외의 존재와 소통하려는 갈망, 악을 이기려는 갈망 등이기 때문이다.

잘 구성된 판타지 이야기에서 우리는 놀라운 감동과 만족을 얻는다. 왜 그럴까? 이야기가 허구인 줄 뻔히 알면서도 우리 마음이 그런 것들을 열망하기 때문이다. 좋은 이야기는 잠시나마 이런 갈망을 채워 주고, 미치도록 가려운 곳을 긁어 준다.

《미녀와 야수》는 우리가 자초한 야수성에서 우리를 해방시켜 줄 사랑이 존재한다고 말한다. 《잠자는 숲 속의 공주》는 우리가 일종의 마법에 걸려 잠자고 있으며 고귀한 왕자가 와서 깨울 수 있다고 말한다. 우리는 이런 이야기를 들으면 가슴이 설렌다. 내면 깊이 그것을 사실로 믿거나 믿고 싶기 때문이다. 죽음으로 끝나서는 안 된다. 사랑하는 이를 잃어서는 안 된다. 악이 이겨서도 안 된다.

이야기 자체는 허구여도 그 배후의 실체만은 사실이거나 사실이어야 함을 우리는 가슴으로 느낀다. 그런데 우리의 이성은 이를 부정하며 비평가들도 마찬가지다. 그들은 주장하기를 동화에 취해 절대적 도덕과 초자연 세계를 정말 믿고 또 인간이 영원히 살 줄로 생각하지만, 그것은 결국 현실이 아니라고 말한다. 그러니 거기에 빠지는 것은 비겁한 일이라는 것이다.

그러다 우리는 크리스마스 이야기를 만난다. 언뜻 보기에는 이것도 다른 전설이나 판타지 이야기처럼 보인다. 이야기 속 인물은 다른 세상에서 우리의 세상에 침투하는데, 기적을 행하는 능력이 있어 풍랑을 잔잔하게 하고 병을 고치고 죽은 자들을 살린다. 이에 적들이 공격하여 그를 죽임으로써 모든 희망이 사라진 듯 보이지만, 결국 그는 죽음에서 살아나 모두를 구원한다. 이것을 읽으면서 우리는 또 한 편의 훌륭한 동화라고 생각한다. 과연 크리스마스 이야기는 배후의 실체를 가리켜 보이는 또 하나의 이야기처럼 보인다.

그러나 마태복음은 "아주 먼 옛날에" 대신 예수님의 역사적 근거를 제시하여 그런 생각을 논박한다. 동화가 아니라는 것이다. 예수 그리스도는 배후의 실체를 가리켜 보이는 또 하나의 즐거운 이야기가 아니다. 예수님 자신이야말로 모든 이야기가 가리켜 보이는 배후의 실체이시다.

예수 그리스도는 영원한 초자연 세계에서 오셨다.

머리에서 아니라고 말해도 우리는 그 세계가 존재함을 가슴으로 느끼고 안다. 크리스마스에 그분은 이상과 현실 사이, 영원과 시간 사이를 뚫고 우리 사는 세상에 오셨다. 그러므로 마태의 말이 옳다면 이 세상에 악한 주술사가 존재하고 우리는 마법에 걸려 있다. 그런데 고귀한 왕자가 그 마법을 깨뜨리셨다. 영원히 우리를 떠나지 않을 사랑도 존재한다. 언젠가 우리는 정말 하늘을 날고 죽음을 이길 것이다. 지금은 "인정사정 봐 주지 않는" 세상이지만 그날에는 나무들도 춤추며 노래할 것이다(시 65:13; 96:11-13 참조).[2]

다시 말해서 우리가 좋아하는 모든 동화는 허구임에도 불구하고 예수님의 진리 덕분에 전혀 현실 도피가 아니다. 어떤 의미에서 그런 이야기(또는 그것이 가리켜 보이는 초자연적 실체)는 예수님을 통해 실현된다.

당신이 그리스도인이라면 자녀가 책을 읽다가 이렇게 말할 때 무어라 답할지 몰라 난감할 것이다. "정말 왕자가 있어서 용에게서 우리를 구해 주었으면 좋겠어요." "슈퍼맨이 있다면 얼마나 좋을까요!" "하늘을 날 수 있었으면 좋겠어요." "영원히 살 수 있다면 얼마나 좋을까!" 이럴 때 "정말 그렇게 될 건데!"라고만 내뱉고 말 수는 없다.

영화 〈후크〉(Hook)의 한 장면에서 영화배우 매기 스미스는 피터 팬 이야기 속 노년의 웬디 역으로 나온다. 그리고 로빈 윌리엄스가 기억상실증에 걸린 장성한 피터 팬을 맡았다. 웬디가 피터의 자녀에게 들려주는 이야기들을 피터도 재미있어 한다. 그러다 한순간 그녀는 그를 똑바로 쳐다보며 "피터, 이 이야기들은 실화야"라고 말한다.

크리스마스가 정말 실화라면 인류 전체가 기억상실 중에 걸려 있다는 뜻이고, 우리가 가장 좋아하는 이야기들이 전혀 오락용 현실 도피가 아니라는 뜻이다. 복음이 실화이기에, 그런 최고의 이야기들도 궁극적으로 모두 실현될 것이다.

우리를 부끄러워하지 않으시는 분

지금까지는 마태가 말하지 않은 내용을 살펴보았다. 그는 복음서의 서두부터 족보를 밝혔을 뿐이다. 그렇다면 그가 말한 내용은 무엇인가?

먼저 마태가 살며 글을 쓰던 당시의 문화를 기억해야

한다. 우리가 살고 있는 개인주의적 문화에서는 사람마다 자신의 학력과 경력과 실적을 열거하여 사람들에게 자기를 홍보하고 추천한다. 그러나 가족 중심의 공동체 사회에서는 그렇지 않았다. 마태복음 1장은 족보처럼 보일 수 있고, 사실 족보이지만 또한 이력서이기도 하다. 당시의 이력서는 집안과 혈통과 가문으로, 즉 자신과 관계된 사람들로 구성되었다. 그러니까 족보는 세상을 향해 "나는 이런 사람이다"라고 말하는 방식이었다.

흥미롭게도 당시 사람들도 요즘처럼 이력서를 위조했다. 우리가 자신의 경력 중에서 불리한 부분은 빼는 경향이 있듯이 옛날 사람들도 마찬가지였다. 알다시피 헤롯 대제는 자신의 공식 족보에서 많은 이름을 삭제했다. 자신이 그들과 관계되어 있음을 아무도 모르게 하려고 말이다. 족보 겸 이력서의 취지는 자신이 수준 높은 명문가 출신임을 내세워 주변 사람들의 환심을 사는 데 있었다.

그런데 마태는 예수님께 정반대로 했다. 이 족보는 충격적이리만치 고대의 여타 족보들과 다르다. 우선 족보에 여자가 다섯이나 등재되어 있다. 현대 독자들에게는 이것이 특이해 보이지 않겠지만 고대 가부장 사회에서 여자를 족보에 언급한 예는 사실상 전무하다. 다섯 명씩은 더 말할 것도 없다. 그 문화의 여자들을 성적 아웃사이더라 할 수 있는데 예수님의 족보에는 그들이 버젓이 등장한다.

게다가 이 족보에 실린 여자들은 대부분 이방인이었다. 다말과 라합은 가나안 사람이었고, 룻은 모압 사람이었다. 고대 유대인은 그런 나라 출신을 부정하게 취급해 성막이나 성전에 들어가 예배할 수 없었다. 그런데 인종적 아웃사이더라 할 수 있는 그들이 예수님의 족보에는 버젓이 등장한다.

예상 밖의 반전은 또 있다. 특정 여인들을 거명함으로써 마태는 일부러 독자들에게 성경의 가장 더럽고 추하고 부도덕한 사건들 가운데 몇 가지를 환기시킨다.

예컨대 유다는 다말에게서 베레스와 세라를 낳았다고 되어 있다(마 1:3 참조). 그때 일을 떠올려 보라. 다말은 시아버지 유다를 속여 자신과 동침하게 만들었다(전체 문맥을 보면 유다가 다말에게 저지른 불의도 분명히 나온다). 이런 근친상간 행위는 성경 어디를 보나 하나님의 법에 어긋난다. 예수님은 세라의 후손이 아니라 베레스의 후손인데도 마태는 굳이 베레스와 세라를 병기했고 다말까지 포함시켰다. 사건의 전말을 기어이 소환하기 위해서다. 바로 이 역기능 가정에서 메시아가 오셨다.

라합이 누구인지도 잊지 말라(마 1:5 참조). 그녀는 가나안 사람으로도 모자라 매춘부였다.

그러나 전체 족보에서 아마도 가장 흥미로운 인물과 그 배후 이야기는 6절에 나온다. 거기 보면 예수님의 혈통에 다윗 왕이 등장한다. 당신은 '조상 중에 왕이 있었다니 누구나 바랄 일이 아닌가'라고 생각할 것이다. 그런데 마태는 다윗이 "우리야의 아내에게서" 솔로몬을 낳았다고 덧붙인다. 이는 성경의 굉장한 반어적 축소 표현이다. 성경의 역사를 전혀 모르는 사람에게는 이것이 이상해 보일 것이다. 왜 그냥 여자의 이름을 쓰지 않았는가? 그녀의 이름은 밧세바였다. 그러나 마태는 굳이 우리에게 이스라엘 역사의 비참하고 끔찍했던 한 장면을 떠올리게 만든다.

다윗이 자신을 죽이려던 사울 왕을 피해 도망 다닐 때 일단의 남자들이 광야까지 따라가 그의 편이 되어 목숨을 걸고 그를 지켰다. 소위 다윗의 용사들이다. 우리야도 그중 하나로 다윗을 위해 온갖 위험을 무릅썼다. 그는 다윗의 친구였고 다윗은 그에게 목숨을 빚졌다(삼하 23:39 참조). 그런데 세월이 흘러 왕위에 오른 다윗은 우리야의 아내 밧세바를 바라보며 탐했고 결국 동침했다. 그러고는 손을 써서 우리야를 죽이고 그녀와 결혼했다. 둘 사이에 태어난 아들이 솔로몬인데 예수님은 그의 후손이다. 마태가 밧세바라는 이름을 뺀 이유를 알겠는가? 그녀를 무시해서가 아니라 다윗의 치부를 드러내기 위해서였다. 바로 이 역기능 가정에서 그리고 이 치명적 흠이 있는 인간에게서 메시아가 오셨다.

여기 도덕적 아웃사이더들이 있다. 간음과 근친상간과 매춘을 저지른 남녀가 있다. 본문이 일깨워 주듯이 사실 남자 조상들인 유다와 다윗도 도덕적 실패자였다. 아울러 문화적 아웃사이더, 인종적 아웃사이더, 성적 아웃사이더도 있다. 모세 율법에 따라 모두 하나님의 존전에 나아갈 수 없는 사람들이었다. 그런데도 모두를 예수님의 조상으로 공공연히 인정한다.

이것은 무슨 의미인가? 우선 문화나 상류 사회나 심지어 하나님의 법에 의해 배제된 사람들도 예수님의 가족으로 받아들여질 수 있음을 보여 준다. 당신의 혈통이나 행위는 중요하지 않다. 설령 살인을 했더라도 상관없다. 회개하고 그분을 믿으면 예수 그리스도의 은혜가 당신의 죄를 덮고 당신을 그분과 연합시킬 수 있다.

고대에는 '의식(儀式)상 부정하다'는 개념이 존재했다. 거룩하고 고상하고 착하게 살려면 부정한 것들과의 접촉을 삼가야 했다. 부정함이 전염된다고 보았으므로 그것들과 분리되어 있어야 했다. 그런데 예수께서 이것을 뒤집으신다.

그분의 거룩하심과 선하심은 우리에게 닿아도 부정해질 수 없다. 반대로 우리가 그분께 닿으면 그분의 거룩하심이 우리에게 전염된다. 당신이 어떤 사람이고 어떻게 살아 왔든 관계없다. 아무리 도덕적 오점이 많아도 괜찮다. 그분께 오라. 그러면 그분이 당신을 눈처럼 순결하게 해 주실 수 있다(사 1:18 참조).

반면에 다윗을 보라. 그는 세상 권력의 요건을 두루 갖춘 사람이었다. 여자가 아니라 남자였고, 이방인이 아니라 유대인이었고, 빈민이 아니라 왕이었다. 하지만 마태가 보여 주듯이 다윗 역시 오직 은혜로만 예수님의 가족 안에 들 수 있었다. 그의 악행은 족보 속의 여자들이 행한 어떤 일보다도 악했다. 그런데도 그는 건재하다.

착한 사람은 받아들여지고 악한 사람은 배제되는 게 아니다. 누구든지 오직 예수 그리스도의 은혜로만 받아들여진다. 당신도 예수께서 이루어 주신 일을 믿음으로써만 하나님 앞에 설 수 있다.

이렇듯 예수 그리스도의 은혜가 필요 없는 사람은 아무도 없다. 아무리 훌륭한 사람이라도 예외가 아니다. 반대로 예수 그리스도의 은혜를 받을 수 없는 사람도 없다. 아무리 악한 사람이라도 회개하고 믿으면 된다. 예수 그리스도 안에서는 창녀와 왕, 남자와 여자, 유대인과 이방인, 서로 다른 민족이나 인종, 도덕적인 사람과 부도덕한 사람이 모두 대등하다. 똑같이 잃어버린 죄인이고 똑같이 사랑받고 받아들여진다.

마태복음 1장은 "낳고"의 연속이다. '누구는 누구를 낳고 누구는 누구를 낳고…….' 그래서 지루한가? 아니다. 하나님의 은혜는 어디에나 편만하여 성경의 족보에서조차도 그분의 자비가 뚝뚝 떨어진다. 하나님은 우리를 부끄럽게 여기지 않으신다. 우리는 다 그분의 가족이다. 히브리서 2장에 보면 "그러므로 [예수께서 그들을] 형제라 부르시기를 부끄러워하지 아니하시고"(11절)라고 했다.

이것을 다른 측면에서 볼 수도 있다. 모든 문화는 구성원들에게 특정한 부류의 사람들을 얕보고 자신들의 우월성을 스스로 자랑하도록 몰아간다. 어쩌면 그 상대는 인종이나 계급이 다른 사람들일 수 있다. 어쩌면 당신은 교육 수준이 아주 높은 '먹물들'이라고 해서, 아니면 아예 배운 게 없는 '무식쟁이들'이라며 상대를 경멸할지 모른다. 또 어떤 사람들의 정치적 관점이 나라를 망친다고 생각하여 그들을 깔볼지도 모른다. 이런 모든 예에서 당신은 여태 배운 대로 상대를 속되고 부정한 괴짜로 보면서 자신만은 괜찮다고 여긴다.

그러나 예수 그리스도의 가치관은 근본적으로 다르다. 세상은 혈통과 돈과 인종과 계급을 중시하지만 그분은 이 모두를 뒤집어엎으신다. 예수님의 교회 밖에서 애지중지되는 그것들이 교회 안에까지 들어와서는 안 된다. 그분은 어떤 의미에서 보면 이렇게 말씀하신 것이다. "바깥세상에서 퍽이나 중요한 것들이 나의 집에서는 그렇게 중요해서는 안 된다."

약속을 지키려
지금도 최선을 다하신다

족보에서 배우는 교훈이 또 있다. 족보는 메시아가 오신다는 약속이 성취되기까지 많은 세대가 흘렀음을 일깨워 준다. 예수님은 '아브라함의 자손'이다. 하나님은 아브라함에게 그의 후손을 통해 땅의 모든 족속이 복을 받으리라고 말씀하셨다(창 12:3 참조). 사실은 그보다도 더 거슬러 올라간다. 창세기 3장 15절에 하나님이 친히 예언하시기를 장차 누군가가 와서 사탄의 "머리를 상하게" 하고 악을 무찌를 거라고 하셨다.

그런데 천사가 마리아를 찾아와 그녀가 낳을 아기 이야기를 하기까지는 수십 세기, 수천 년이 흘렀다. 그때 마리아는 "[하나님이] 긍휼히 여기시고 기억하시되 우리 조상에게 말씀하신 것과 같이 아브라함[에게] …… 하시리로다"(눅 1:54-55)라고 노래했다.

약속이 이루어지는 데 오랜 세월이 걸렸다. 심지어 그리스도께서 태어나시기 직전 400년 동안에는 메시아는 커녕 선지자 하나도 그 백성에게 보내지 않으셨다. 하나님

61

이 그들을 잊으신 듯 보였고 아무도 오지 않는 것 같았다. 하지만 그분은 오셨다.

당신의 시간표로 하나님을 판단할 수는 없다. 더디어 보일 수 있으나 그분은 결코 약속을 잊지 않으신다. 일하시는 속도가 아주 느리거나 아예 약속을 망각하신 듯 보일 수 있지만, 그분이 하신 약속은 반드시 실현되며, 그분의 약속이 실현될 때는 언제나 당신의 상상을 초월한다.

이는 예수 탄생 이야기의 중심 주제 중 하나다. 사실은 성경 전체가 그렇다. 구약에 나오는 요셉 이야기를 보라. 오랜 세월 하나님은 요셉의 기도를 무시하신 채 온갖 재앙을 겪게 두신 듯 보였다. 그러나 결국 밝혀졌듯이 모두가 구원받으려면 그 모든 사건이 하나하나 다 필요했다. 요셉은 자기를 노예로 팔았던 형들에게 "당신들은 나를 해하려 하였으나 하나님은 그것을 선으로 바꾸사"(창 50:20)라고까지 말했다.

예수님은 또 어떤가. 그분은 병들어 죽어 가는 소녀를 고쳐 달라는 부탁을 받으셨으나 중간에 멈추어 다른 사람을 상대하시느라 야이로의 딸을 죽게 두셨다. 그분의 타이밍이 완전히 잘못된 것 같았으나 결국 그렇지 않음이 밝혀졌다(막 5:21-43 참조).

하나님의 은혜는 우리가 무난하다고 여기는 기간이나 계획대로 움직이는 경우가 사실상 전무하다. 그분은 우리의 의제나 일정에 따르지 않으신다. 방금 막 딸이 죽어 절망에 빠진 아버지 야이로에게 예수님은 "믿기만 하라"(막 5:36)라고 말씀하셨다. 이런 말씀이나 같다. "나를 너의 시간 기준에 꿰어 맞춘다면 결코 내 사랑을 느끼지 못할 것이다. 그것은 네 쪽에서 잘못하는 것이다. 나는 여전히 너를 사랑하니 말이다. 나는 반드시 약속을 지킨다."

하나님은 약속을 잊으신 듯 보이지만 그분의 때에 반드시 이루시며, 막상 이루어지기까지 우리는 그분의 방법을 상상할 수조차 없다. 약속하신 메시아가 오신 일을 생각해 보라. 하나님이자 왕이신 그분이 태어나신 곳은 궁전이 아니라 마구간이었다. 모든 기대에 어긋나는 방법이었지만, 그렇게 연약한 모습으로 오셔서 십자가에 매달려 죽으셔야만 우리를 구원하실 수 있었다. 하나님은 약속을 지키셨다.

당신은 이렇게 말할지 모른다. "하나님은 아마도 내게 약속을 지키시겠지만 나는 그분께 약속을 지키지 못했다. 나는 이미 인생을 망쳤고, 회복이 불가능하다."

하지만 이 족보를 보라. 마태복음 1장 2절에 보면 야곱이 메시아의 조상인 유다를 낳았다. 유다가 어떻게 야곱의 자식으로 태어났는지 아는가? 야곱은 거짓말로 아버지를 속이고 에서의 몫인 장자의 권리를 가로챘다. 이 사기극 때문에 가족이 분열되었고, 에서는 야곱에게 적의를 품었으며, 야곱은 고향을 떠나 도피해야 했다. 야곱은 가족을 잃고 죗값을 톡톡히 치렀다. 하지만 이 모든 일이 있었기에 그는 레아를 만났고, 레아도 메시아의 조상이 되었다.

이 조화를 보라. 야곱은 잘못을 저질렀고 그 대가를 치렀다. 그러나 하나님은 우리의 죄보다 크신 분이다. 그분은 그 모든 추악함과 미련함과 죄악까지도 쓰셔서 자신의 약속을 이루셨다. 하나님께 차선이란 없다. 크리스마스는 하나님이 그분의 목적을 이루고 계시다는 뜻이다. 이 찬송가 가사처럼 그분은 약속을 성취하신다.

주의 자비는 영원하여
늘 확고부동하도다.[3]

크리스마스는 "하나님의 맷돌은 천천히 돌지만 아주 고운 가루로 만든다"는 걸 보여 준다.[4] 하나님은 잊으신 듯 보일 수 있으나 지금도 모든 조치를 취해 놀라운 약속들을 성취하시는 중이다. 성경을 읽으면서 믿는 자들에게 주신 약속들을 보라. 그분은 우리가 감히 구하거나 생각하는 것에 더 넘치도록 능히 주실 분이다(엡 3:20 참조).

그토록 바라던 안식

끝으로 예수님은 우리의 궁극적 안식이시다. 족보 말미에 마태는 세대 수를 강조했다. 아브라함부터 다윗까지 열네 대, 다윗부터 바벨론으로 사로잡혀 갈 때까지 열네 대, 바벨론으로 사로잡혀 간 후부터 그리스도까지 열네 대라고 마태복음 1장 17절에 밝혀 놓았다. 보다시피 "일곱 대가 여섯 번" 있었고, 그래서 예수님은 일곱 번째 일곱의 시작이 되신다.

이것은 또 무슨 뜻인가? 성경에서 숫자 7은 아주 의미심장하다. 창세기에 보듯이 하나님이 창조의 일을 마치

시고 일곱째 날에 안식하셨기 때문이다. 이레 중 하루인 안식일은 말 그대로 쉬는 날이다. 그런데 안식을 상징하는 숫자 7은 거기서 그치지 않는다. 모세 율법에 따라 농부들은 일곱째 해마다 자양분이 되살아나도록 땅을 묵혀야 했다. 즉 일곱째 해는 안식을 상징했다.

나아가 레위기 25장에 보면 일곱 번째 일곱 해 중에서 마지막 해인 49년째 해는 희년(禧年)이라 하여 모든 노예가 해방되고 모든 빚이 탕감되는 해였다. 온 땅과 온 백성이 고달픈 짐에서 벗어나 안식하는 해였다. 바로 안식년 중의 안식년이었다. 장차 하나님이 땅을 새롭게 하실 때 모두가 궁극적 안식을 누릴 텐데(롬 8:18-23; 히 4:1-11 참조), 일곱 번째 일곱은 그 안식의 맛보기였다.

마태는 이 안식이 예수 그리스도를 통해서만 우리에게 온다고 말한다. 이제 알겠는가? 예수 그리스도는 '옛날 옛날 아주 먼 옛날의 이야기' 속에 태어나신 게 아니라 실제로 시공 속에 들어오셨고, 창녀와 왕을 자신의 식탁에 함께 앉히시고자 우리의 구원을 이루셨다. 이 사실을 믿는다면 이미 지금부터 그 안식을 맛볼 수 있다.

그것이 어떻게 믿음으로 가능한가? 우선 예수님 안

에서는 당신의 자격을 입증할 필요가 없다. 알다시피 당신
이 실패자든 왕이든 결국은 전혀 중요하지 않기 때문이다.
하나님의 은혜만 있으면 되는데, 그 은혜는 당신의 실패에
도 불구하고 받을 수 있다. 물론 그분을 알고 나면 그분을
기쁘게 하는 삶을 살고 싶어진다. 하지만 먼저 개과천선해
야만 그분을 구주로 알 수 있는 것은 아니다. 이 사실이 우
리 내면에 안식을 가져다준다.

　　세상의 고생과 악으로부터도 우리에게 안식이 필요
하다. 왠지 우리 힘으로 역사를 통제하고 모든 일을 바로
잡아야 할 것 같지만, 이는 진 빠지는 일일 뿐 아니라 불가
능한 일이다. 비록 반대로 보일지라도 크리스마스는 선하
신 우리 하나님이 역사를 주관하고 계심을 말해 준다. 훗
날 그분이 모든 일을 바로잡으실 것이다. 성령께서 이런
최종 구원과 궁극적 안식을 상기시켜 주실 때 우리에게 깊
은 안식이 찾아온다. 그때 비로소 우리는 미래에 대한 희
망으로 가득 찰 수 있다.

　　이것은 그저 낙관론이 아니라 마침내는 모든 일이 잘
된다는 기정사실이다. 그래서 우리는 현세의 시련과 비극
에 부딪칠 때도 평안과 힘이 있다. 결국은 물이 바다를 덮

음같이 하나님의 영광이 온 세상을 덮을 것이다. 그때 희년의 왕이신 예수께서 우리에게 마침내 사랑과 기쁨의 온전한 안식을 주실 것이다.

크리스마스는 '아주 먼 옛날에 어떤 이야기가 있었는데, 그 이야기 속에 지금보다 조금 더 나은 삶에 대한 교훈이 들어 있다'가 아니다. 그분은 우리를 구원하시려고 세상에 들어오셨다. "구주가 나셨으니 곧 그리스도 주시라"(눅 2:11).

우리 중 하나가 되신 하나님, ———— 예수

3

당신을 혼자 두지 않기 위해
당신처럼 되셨다

마태복음 1장 18-23절

¹⁸ 예수 그리스도의 나심은 이러하니라 그의 어머니 마리아가 요셉과 약혼하고 동거하기 전에 성령으로 잉태된 것이 나타났더니 ¹⁹ 그의 남편 요셉은 의로운 사람이라 그를 드러내지 아니하고 가만히 끊고자 하여 ²⁰ 이 일을 생각할 때에 주의 사자가 현몽(現夢)하여 이르되 다윗의 자손 요셉아 네 아내 마리아 데려오기를 무서워하지 말라 그에게 잉태된 자는 성령으로 된 것이라 ²¹ 아들을 낳으리니 이름을 예수라 하라 이는 그가 자기 백성을 그들의 죄에서 구원할 자이심이라 하니라 ²² 이 모든 일이 된 것은 주께서 선지자로 하신 말씀을 이루려 하심이니 이르시되 ²³ 보라 처녀가 잉태하여 아들을 낳을 것이요 그의 이름은 임마누엘이라 하리라 하셨으니 이를 번역한즉 하나님이 우리와 함께 계시다 함이라.

크리스마스의 천사들을 떠올릴 때, 대부분의 사람들은 그런 사자와 전령이 목자들과 마리아를 찾아간 일만 기억하고 요셉에게 찾아간 일은 대개 망각한다. 천사에게서 요셉은 아무도 듣지 못한 내용을 배웠다. 그 귀한 기사가 마태복음 1장 18-23절에 나온다. 여기서 우리는 예수님이 하나님이자 인간이시며 우리와 함께 계시는 분임을 배운다.

온전한 하나님, 예수

마태가 여러 모양으로 부각시키는 크리스마스의 핵심 메시지가 있다. 예수님이 그저 위대한 스승이나 심지어 천상의 존재가 아니라 신 곧 하나님 자신이라는 사실이다. 20절에 천사가 요셉에게 말했듯이 마리아의 태에서 자라난 생명은 인간에게서 온 것이 아니라 하늘 아버지에게서 왔다. 이렇게 요셉은 자신이 부차적 의미에서만 예수님의

아버지임을 깨닫는다. 마리아는 성령으로 잉태했으므로 예수님의 진짜 아버지는 하나님이시다.[1]

예수님의 정체를 가장 직설적으로 진술한 곳은 마태복음 1장 23절이다. 마태는 이사야 7장 14절을 인용하여 "처녀가 잉태하여 아들을 낳을 것이요 그의 이름은 임마누엘이라 하리라"라고 말한 뒤 "하나님이 우리와 함께 계시다"라는 뜻풀이를 덧붙였다. 유대인 종교 지도자들과 학자들은 이 예언을 안 지 수세기가 지났지만 이를 문자적으로 받아들여야 한다는 생각은 하지 못했다. 그들이 믿기로 이 예언은 장차 올 어떤 위대한 지도자의 사역을 통해 하나님이 비유적으로 그 백성과 함께 계신다는 뜻이었다.

그러나 마태는 이 약속이 모두의 상상을 초월할 정도로 크다고 말한다. 이 약속은 비유적이 아니라 문자 그대로 성취되었다. 예수 그리스도는 "우리와 함께 계시는 하나님"이시다. 마리아의 태에서 자라난 생명은 하나님이 친히 행하신 기적이었기 때문이다. 이 아이는 말 그대로 하나님이시다.

마태는 유대인이었고 히브리 성경에 깊이 정통했을 것이다. 이 진술은 그래서 더 충격적이다. 유대 민족은 하나님관이 특이해서 인간이 하나님일 수도 있다는 개념에 대해서라면 지구상에서 가장 폐쇄적이었다. 동양 종교들이 믿던 신은 만물에 두루 깃든 비인격적 힘이었다. 따라서 유독 어떤 인간들이 신의 위대한 현현이라는 그들의 말은 모순이 아니었다. 한편 당시 서양 종교는 전능하지 않은 다수의 다양한 인격신들을 믿었고, 때로 그 신들은 소기의 목적에 따라 인간으로 변장하곤 했다. 따라서 그리스인과 로마인으로서는 헤르메스나 제우스가 신분을 감추고 특정인의 모습으로 우리를 찾아오지 못하리라는 법도 없었다.

그러나 유대인들이 믿던 하나님은 인격을 갖춘 신이요, 동시에 무한하신 분이었다. 그분은 우주 속에 깃든 존재가 아니라 우주를 존재하게 하신 근원이자 우주를 무한히 초월하시는 분이었다. 히브리 세계관은 인간이 하나님일 수도 있다는 개념을 철저히 배격했다. 유대인들은 "야훼"라는 이름을 입에 담거나 글로 쓰지도 않았다. 그런데 예수 그리스도는 자신을 가장 가까이 따르던 유대인들에게 자신의 삶과 주장과 부활을 통해 이런 확신을 심어 주셨다. 자신이 하나님을 찾는 법을 알려 주는 한낱 선지자가 아니라 우리를 찾으러 오신 하나님 자신이라고 말이다.

이렇게 가르친 성경 저자는 마태만이 아니다. 사도 요한에 따르면 예수 그리스도는 "말씀"이시다. 피조물이 아니시고, 태초로부터 아버지와 함께 존재하셨고, 만물이 그분을 통해 지어졌으며, 이 말씀은 곧 하나님이시다(요 1:1-3 참조). 유대인이며 바리새인인 바울은 '예수님 안에 신성의 모든 충만이 육체로 거하신다'고 했다(골 2:9 참조). 신성의 3분의 1이나 절반이나 일부가 아니라 전부다. 역시 유대인인 사도 베드로도 "우리 하나님과 구주[즉 우리 하나님이자 구주이신] 예수 그리스도의 의를 힘입어"(벧후 1:1)라고 썼다. 예수 그리스도는 "우리 하나님"이시다.

예수께서 친히 신으로서의 정체감을 보이지 않으셨다면 이 저자들의 견해는 큰 의미가 없을 것이다. 그러나 그분은 자신이 하나님임을 밝히셨다. 복음서 전체에서 그분은 늘 죄를 용서하셨는데 이는 하나님만이 하실 수 있는 일이다. "내가 다시 와서 이 땅을 심판하리라"라는 주장도 여러 번 하셨는데, 이 역시 하나님만이 하실 수 있는 일이다. 그분은 하나님 아버지와 대등한 지식을 자신도 가졌다고 주장하셨다(마 11:27-28 참조). 한번은 "아브라함이 나기 전부터 내가 있느니라"(요 8:58)라고 말씀하신 적도 있다. 하나님의 이름으로 자신을 칭하신 것이다(출 3:13-14 참조). 유대인인 예수 그리스도께서 여러 모양으로 누누이 '내가 곧 하나님이다'라고 말씀하셨고, 그러자 수많은 사람들이 그분을 믿고 그분께로 와서 경배했다(행 2:41 참조).

이렇듯 예수님은 자신이 하나님이라고 주장하셨다. 많은 사람들이 이 교리를 알고 말로만 동의할 뿐 거기에 함축된 의미를 깊이 생각하지 않는다. 예수님이 정말 하나님이시라면 그것은 실제로 우리에게 어떤 의미가 있는가?

가장 중요한 첫 관문, 성육신

한편에서는 기독교 최고의 기적은 그리스도께서 죽음에서 부활하신 사건이 아니라 바로 성육신이라고 주장한다. 시작점이 없는 전능하신 우주의 창조주께서 인간의 속성을 입으시고도 신성을 잃지 않으셨다. 그래서 나사렛 요셉의 아들 예수님은 온전한 신이면서 또한 온전한 인간이시다. 기독교에서 선포하는 모든 내용 가운데 이야말로 가장 기이한 일이다. J. I. 패커(J. I. Packer)가 그것을 생생히 표현했다.

> 하나님이 인간이 되셨고 신의 아들이 유대인이 되셨다.
> 전능자가 무력한 인간 아기로 지상에 나타나셨다. 할 줄
> 아는 일이라고는 누워서 말똥말똥 바라보며 꼼지락거리고
> 소리를 내는 것뿐이었다. 다른 모든 아이처럼 누가 먹여
> 주고 기저귀를 갈아 주고 말을 가르쳐야 했다. ……
> 하나님의 아들이 실제로 유아가 되셨다. 생각할수록
> 머리가 어찔해진다. 그 어떤 픽션에도 이 성육신의
> 진리만큼 기상천외한 요소는 없다.[2]

패커는 이어 흥미로운 점을 지적한다. 많은 사람들이 "나는 기적을 믿을 수 없다"라고 말한다. 예수께서 물 위를 걸으시거나 죽은 자를 살리실 수 있음을 믿지 못하겠다는 것이다. 그들에게는 한 사람의 죽음으로 허다한 무리의 죄가 씻긴다는 속죄의 개념도 불가능해 보일 것이다. 그러나 패커는 이렇게 역설한다. "복음에서 다른 대목들이 어렵게 느껴지는 까닭은 대개 성육신에 대한 믿음이 잘

못되었거나 부족하기 때문이다. 일단 성육신이 사실임을 깨달으면 다른 어려움은 다 풀린다."[3]

하나님이 존재하시고 또한 인간이 되셨다면, 그분이 기적을 행하시거나 세상의 죗값을 치르시거나 죽은 자를 살리시는 게 어째서 못 믿을 일이겠는가?

이 책 뒷부분에서 보겠지만 믿음에 이르는 길은 사람마다 다르다. 그러나 내가 아는 많은 사람들이 깨달은 사실이 있다. 일단 성육신과 씨름하여 그것을 이해하고 나면 신약의 나머지 가르침도 받아들이기가 훨씬 쉬워진다는 것이다.

말로만 예수 믿는 사람들

예수님이 하나님이시라는 주장은 지적 난제로 다가올 뿐 아니라 개인의 영혼의 위기를 불러일으킨다. 위기란 '사건의 흐름 중 한 고비로써 향후의 모든 일을 더 좋거나 나쁜 쪽으로 결정짓는 시점'을 말한다.[4] 위기는 갈림길인데 '예수 그리스도는 하나님이시다'라는 주장이 바로 그에

해당한다.

복음서에서 예수님의 행동을 보면 언제나 그분은 사람들을 움직이게 만드신다. 그분은 거대한 당구공과도 같아서 어디를 가시든 낡은 틀을 깨뜨리시고 사람들을 새로운 방향으로 떠미신다. 1장에서 간략히 보았듯이 예수님은 극단적 반응을 불러일으키신다. 어떤 사람들은 그분께 심히 격노하여 그분을 낭떠러지에서 밀어 죽이려 한다. 또 어떤 사람들은 너무 무서워서 "떠나소서. 나를 떠나소서"라고 부르짖는다(눅 5:8 참조). 그런가 하면 그분 앞에 엎드려 경배하는 사람도 있다.

왜 이렇게 사람들의 반응이 극단적인가? 자신의 정체에 대한 그분의 주장 때문이다. 그 주장이 옳다면, 당신 모든 삶의 중심을 그분께 두어야만 한다. 그 주장이 틀렸다면, 그분은 혐오하거나 기피해야 할 대상이다. 그 외의 모든 반응은 성립되지 않는다. 그분은 하나님이거나 아니거나 둘 중 하나이며, 따라서 무한히 경이롭거나 완전히 미쳤거나 둘 중 하나다.

그런데 현대 사회에는 '말로만 예수 믿는 사람들'이 너무 많다. 그들은 그분이 누구인지 안다고 말하지만 삶이 근본적으로 바뀌지 않았다. 영혼의 위기도 지속적인 삶의 변화도 없었다. 이를 설명할 수 있는 길은 하나뿐이다. 자신들의 주장과 반대로, 그들은 예수님이 "우리와 함께 계시는 하나님"이라는 의미를 제대로 깨달은 적이 없다.

당신과 내게도 희망이 있다

예수님이 하나님이시라는 주장은 또한 우리에게 최고의 희망을 준다. 이는 우리 사는 세상이 존재의 전부가 아니고, 죽음 후에도 삶과 사랑이 있으며, 언젠가 악과 고난이 끝난다는 뜻이다. 끝없는 문제에도 불구하고 세상에 희망이 있을 뿐 아니라, 끝없는 실패에도 불구하고 당신과 내게도 희망이 있다는 뜻이다.

하나님이 거룩하기만 하신 분이라면 굳이 예수 그리스도를 통해 우리에게 내려오지 않으셨을 것이다. 그냥 우리 스스로 분발해서 거룩하고 착해짐으로써 그분과의 관계를 얻어 내라고 요구하셨을 것이다. 반대로 하나님이 '뭐든 다 받아 주는 사랑의 신'이라면 굳이 이 땅에 오실 필요가 없었을 것이다. 죄와 악을 묵과하고 무조건 우리를 품어 주는 이런 신은 현대인들이 지어낸 것이다. 도덕주의의 하나님이나 상대주의의 하나님이라면 크리스마스의 수고를 감수하지 않았을 것이다.

그러나 성경의 하나님은 무한히 거룩하신 분이다. 그래서 우리의 죄는 묵과될 수 없고 반드시 처리되어야 한다. 그분은 또한 사랑이 무한하신 분이다. 그래서 우리 쪽에서 그분께로 올라갈 수 없음을 아시고 그분이 우리에게로 내려오셨다. 하나님이 친히 오셔서 우리가 할 수 없는 일을 해 주셔야 했다. 그분은 누구를 대신 보내지 않으신다. 위원회의 보고서나 설교자를 보내 우리의 힘과 애씀으로 구원받을 수 있도록 조건을 제시하시는 게 아니다. 그분이 직접 오셔서 우리를 데려가신다.

그러므로 크리스마스는 당신과 내게도 얼마든지 희망이 있음을 말해 준다.

온전한 인간, 예수

예수님은 또한 우리 중 하나이시다. 즉 인간이시다. 성육신과 크리스마스 교리는 예수께서 온전히 참하나님 이심과 동시에 온전히 참인간이시라는 것이다. 세상 모든 종교와 철학에서 이것이 얼마나 독특한지 아는가? 철학의 역사를 더듬어 보라. 다음과 같은 논쟁이 끊이지 않는다. '무엇이 더 궁극인가?' '절대인가 특수인가?' '하나인가 여럿인가?' '영원한 이상인가 구체적 현실인가?' '플라톤과 아리스토텔레스 중 누가 옳은가?'

성육신의 교리는 이런 범주와 이원론을 허물어 버린다. "임마누엘"은 이상이 현실이 되었고, 절대가 특수해졌고, 보이지 않는 것이 보이게 되었다는 뜻이다. 성육신은 우주를 가르고 역사를 뒤바꾸고 삶을 변화시키고 기존의 틀을 깨뜨리는 궁극의 역사적 사건이다.

그러나 이토록 높고 멀기만 한 진리 앞에서 우리가 던져야 할 질문이 있다. '하나님이 온전한 인간이 되셨기에 우리가 실제로 살아가는 방식은 어떻게 달라지는가?'

영광에 집착하는 삶,
영광을 버리는 삶

그리스도인들은 빌립보서 2장 5-11절 같은 본문들을 역사적으로 이런 가르침으로 이해해 왔다. 즉 하나님의 아들은 인간이 되실 때 신성을 잃지 않고 여전히 하나님이셨으나 자신의 영광 곧 신으로서의 특권을 버리셨다. 그분은 연약하고 평범해지셨다. 권력과 아름다움을 잃으셨다. "고운 모양도 없고 풍채도 없은즉 우리가 보기에 흠모할 만한 아름다운 것이 없도다"(사 53:2). 다윗과 모세는 하나님의 아름다움과 영광을 말했으나 이사야에 따르면 성육신하신 메시아는 인간의 매력이나 아름다움조차 없었다.

이것은 그리스도인들에게 어떤 의미인가? 바울은 그들에게 성육신을 본받아 살라고 명했다(빌 2:5 참조). 그리스도인이라면 외적인 조건을 마냥 동경해서는 안 된다는 뜻이다. 우리는 결코 잘난 체하는 사람이 되어서는 안 된다. 멋지고 세련된 상류층에 진입하는 것을 목표로 삼아서도 안 된다. J. I. 패커는 이렇게 표현했다.

하나님의 아들이 자신을 비우고 가난해지셨다는 것은
영광을 버리셨다는 뜻이다. 그분은 자원하여 자신의
권력을 제한하셨고, 고생과 외로움과 냉대와 악의와
오해를 받아들이셨고, 마침내 고뇌에 찬 죽임을 당하셨다.
몸보다도 영적으로 더 고통스러운 그 죽음은, 생각만 해도
정신이 짓눌릴 정도였다. 그만큼 그분은 사랑받을 만하지
못한 인간들을 더할 나위 없이 사랑하셨다. ······
주님의 비유에 나오는 제사장과 레위인 같은 정신으로
세상을 살아가는 그리스도인들(좀 더 분명하게 말해,
교리적으로 가장 바른 정통파 그리스도인들)이 너무도 많다는
것이 오늘날 우리의 수치와 치욕이다. 우리는 사방에
어려운 사람들이 있는 것을 알면서도 (하나님이 필요를
채워 주시기를 경건하게 바라거나 혹 기도만 하고는) 그들의
눈을 피해 반대쪽으로 지나간다. 이것은 크리스마스의
정신이 아닌데도 일부, 사실은 많은 그리스도인들이 그런
정신으로 살아간다.
대부분의 그리스도인들이 그저 멋진 중산층 기독교
가정을 이루어 멋진 중산층 기독교식으로 자녀를
양육하고, 멋진 중산층 기독교인 친구들을 사귀는 일을

인생의 목표로 삼는 듯하다. 그러느라 주변의 소외된 사람들일랑 각자가 살아 나갈 방법을 스스로 찾도록 내버려 둔다.

속물 그리스도인에게서는 크리스마스 정신이 빛나지 않는다. 크리스마스 정신이란 삶 전체를 살아가는 원리가 주님처럼 스스로 가난해져(소비하고 소비되어) 동료 인간들을 풍요롭게 해 주는 것이기 때문이다. 그런 사람은 시간과 수고와 돌봄과 관심을 베풀며, 필요에 따라 어떤 식으로든 다른 사람들에게(즉 자신의 친구들에게만 아니라) 선을 행한다.[5]

하나님이 인간이 되어 자신의 영광을 비우셨다는 사실은 당신도 권력 있고 호화로운 사람들, 인맥이 넓어 앞길을 터 줄 수 있는 사람들하고만 어울리려 해서는 안 된다는 뜻이다. 오히려 권력과 아름다움과 돈이 없는 사람들에게 기꺼이 다가가야 한다. 그것이 크리스마스 정신이다. 하나님이 우리 중 하나가 되셨기 때문이다.

고난 중의 참위로

이것은 앞서 이사야가 쓴 "기묘자라, 모사라"라는 말에서 이미 잠깐 살펴본 내용이다. 신약성경은 그보다 더 명시적이다. 히브리서에 보면 예수님은 '범사에 형제들과 같이 되셨다'(히 2:17). 우리처럼 온전히 인간이 되셨다는 뜻이다. 또 '그분 자신이 시련과 시험을 통해 고난당하셨으므로 시련과 시험을 당하는 사람들을 능히 도우실 수 있다'는 뜻이다(히 2:18 참조).[6]

자신이 행복하고 일이 순탄할 때는 남들도 다 그러려니 싶다. 그러나 나쁜 일이 벌어지고 심한 고생이 닥쳐오면 이루 다 말할 수 없이 외롭다. 주변 사람들이 건네는 위로와 격려도 딱히 도움이 되지 않는다. 그러다 똑같은 일을 겪은 사람을 만난다. 그들은 속사정을 안다. 그래서 우리는 그들에게 마음을 쏟아 놓고 그들의 말과 견해를 듣는다. 동병상련이라 했듯이 그들의 위로는 정말 위로가 된다.

나는 몇 년 전에 갑상선암 진단을 받았다. 그때 치료한 뒤로 감사하게도 아직 재발하지 않았다. 그러나 생명을 위협하는 병세에 휩싸여 불확실하게 살아간다는 게 무엇인지 처음으로 깨달았다. 그때 내 나이 쉰하나였는데, 물론 그전에도 오랜 세월 목회를 하면서 병상에서 많은 환자들의 손을 잡아 주었다. 만성 질환에 시달리는 삶이 무엇인지 나도 안다고 생각했다. 그러나 직접 암에 걸려 보고서야 비로소 내가 아는 게 생각보다 훨씬 적음을 실감했다. 그런데 그 후로 사람들이 내게 자신이 처한 어려움과 고난에 대해 털어놓으려 더욱더 찾아왔다. 두려움과 고통을 통과한 뒤 나의 위로에 새로운 능력이 실린 것이다.

성육신은 하나님이 고난당하셨고 예수님이 고난을 이겨 내셨다는 뜻이다. 그래서 히브리서 2장 17-18절 말씀대로 이제 예수님의 위로에는 무한한 능력이 실려 있다. 크리스마스가 보여 주는 하나님은 다른 어떤 종교의 신과도 다르다. 당신은 배반당한 적이 있는가? 외롭고 빈궁한 적이 있는가? 죽음에 직면한 적이 있는가? 그분도 그런 적이 있으셨다.

어떤 사람들은 "몰라서 하는 소리다. 나는 하나님께 이것저것 기도했는데 그분이 내 기도를 외면하셨다"라고 말한다. 예수님도 겟세마네 동산에서 "내 아버지여, 만일 할 만하시거든 이 잔을 내게서 지나가게 하옵소서"(마

26:39)라고 부르짖으셨으나 거절당하셨다. 기도가 응답되지 않는 고통을 그분은 아신다. 어떤 사람들은 "나는 하나님께 버림받은 것 같다"라고 말한다. 예수께서 십자가에서 "나의 하나님, 나의 하나님, 어찌하여 나를 버리셨나이까"(마 27:46)라고 하신 말씀이 무슨 뜻이겠는가?

기독교의 하나님은 당신이 지나온 모든 자리를 친히 지나오신 분이다. 지금 당신이 처한 어둠은 물론 그보다 더한 곳까지도 그분은 통과하셨다. 그래서 당신은 그분을 신뢰하고 의지할 수 있다. 그분은 다 아시며 능력으로 당신을 위로하시고 힘을 주시고 끝까지 붙들어 주신다.

우리와 함께 계신다는 것의 의미

"임마누엘"에는 세 가지 개념이 담겨 있다. 그분은 하나님이시고, 인간이시며, 우리와 함께 계신다. 하나님의 아들이 인간이 되어 그냥 우리 가운데 잠시 사시다가 여러 가르침을 남기고 떠나셨다고 해도 얼마든지 경이로운 일이다. 그런데 그분의 계획은 그보다 무한히 더 컸다.

마가복음에 보면 예수 그리스도께서 열두 사도를 택하여 세우신 것은 자기와 함께 있게 하시기 위해서였다(막 3:14 참조).

그분과 "함께" 있다는 것은 무슨 뜻인가? 그 본문과 복음서 전체에 따르면, 그 말은 우리가 예수님의 임재 안에 있어 그분과 대화하고 그분께 배우며 매순간 그분의 위로를 받는다는 뜻이다. 성육신의 목적은 그분과 관계를 맺기 위해서다. 형언할 수도 없고 접근할 수도 없는 하나님이 예수님을 통해 인간이 되셨다. 즉 우리가 알고 사랑할 수 있는 대상이 되셨다. 그리고 우리는 믿음으로 이 사랑을 알 수 있다.

이는 마땅히 우리를 충격에 빠뜨릴 일인데도 우리는 무덤덤하다. 구약을 보라. 언제고 사람이 하나님께 접근한다는 것은 극도로 두려운 일이었다. 하나님은 아브라함에게는 옹기 가마의 연기로, 이스라엘에게는 불기둥으로, 욥에게는 광풍 내지 돌풍으로 나타나셨다.

하나님의 얼굴을 보여 달라는 모세에게 그분은 그러면 죽을 거라며 기껏해야 그분의 가장자리인 "등"만 가까이할 수 있다고 답하셨다(출 33:18-23 참조). 그런데도 산에서 내려온 모세의 얼굴이 어찌나 눈부신 광채를 발하던지 백성들은 그를 쳐다볼 수 없었다(출 34:29-30 참조). 하나님은 그 정도로 크고 높으시며 우리가 접근할 수 없는 분이다.

그러니 모세가 지금 우리 앞에 있어 "말씀이 육신이 되어 우리 가운데 거하시매 우리가 그의 영광을 보니 아버지의 독생자의 영광이요"(요 1:14)라는 메시지를 듣는다면 어떻게 될지 상상이 되는가?

모세는 이렇게 외칠 것이다. "이게 무슨 뜻인지 알겠는가? 내가 거절당했던 바로 그것이다! 예수 그리스도를 통해 누구나 하나님을 만날 수 있다는 뜻이다. 당신은 무서워할 필요 없이 그분을 인격적으로 알 수 있다. 그분이 당신의 삶에 들어오실 수 있다. 그래도 모르겠는가? 당신의 기쁨은 어디에 있는가? 경이는 어디로 갔는가? 이것이야말로 당신의 삶의 원동력이 되어야 한다!"

예수 그리스도를 통해 나타나신 하나님은 불기둥이나 돌풍이 아니라 아기셨다. 세상에 아기 같은 존재는 다시없다. 심지어 어린아이들도 저마다 속셈이 있어 당신한테서 도망칠 수 있다. 그러나 갓난아기는 우리가 번쩍 들어 안고 뽀뽀해 주면 그대로 다 받아들이며 더 바짝 안겨

온다.

하나님이 이번에는 왜 불꽃이나 회오리바람이 아니라 아기의 모습으로 오셨을까? 이번에는 심판하러 오신 게 아니라 심판을 당하러 오셨기 때문이다. 그분은 우리의 죗값을 치르고 인류와 그분 사이의 장벽을 허물어 우리와 함께 계시러 오셨다. 예수님은 우리와 함께 계시는 하나님이시다.

성육신의 취지는 우리에게 하나님의 존재를 알리는 것만이 아니라 그분이 가까이 오시는 데 있다. 덕분에 그분은 우리와 함께 계시고 우리는 그분과 함께 있을 수 있다. 해마다 크리스마스 때면 허다한 무리가 "예수 우리의 임마누엘"이라고 노래한다. 그러나 우리는 정말 그분과 함께 있는가? 그분을 아는가? 아니면 그분에 관해 알기만 할 뿐인가? 예수님은 말 그대로 하늘과 땅을 가르고 지극히 높은 몸을 낮추어 한없이 낮은 우리 곁에 오셨다. 그분과 참으로 함께 있으려면 지금 우리가 해야 할 일은 무엇인가?

예수님과의 진정한 인격적 관계는 어떤 요소로 이루어지는가? 모든 친밀한 관계와 마찬가지로 그분과도 꾸준하고 솔직하게 사랑으로 소통해야 한다. 내 할 말만 기도하고 말 게 아니라 하나님과 진정으로 교류하는 기도 생활을 가꾸어야 한다. 마음과 삶에 그분의 임재가 느껴져야 한다. 시편 27, 63, 84, 131편 등에서 그런 기도를 볼 수 있다.

다른 한편 그분 쪽에서도 친밀한 관계를 위해 우리와 소통하신다. 이 소통이 이루어지려면 우리가 성경을 깊이 알아야 한다. 성경을 읽고 이해하고 묵상할 줄 알아야 한다. 성경을 삶의 생명력으로 삼는 법을 알려면 시편 1편과 119편을 보라. [7] 이상은 하나님을 가까이할 수 있는 아주 개인적인 '은혜의 방편'에 불과하다. 아울러 예배와 기도, 세례와 성찬 등 더 공동체적인 방편도 있다. 그 밖에도 우리는 하나님의 백성인 교회의 모임 안에서 여러 가지 자원을 누릴 수 있다(히 10:22-25 참조).

이번 장의 마태복음 본문에는 예수님과의 인격적 관계에 꼭 필요한 특성이 하나 더 나온다. 적어도 우리 시대 그리스도인들이 간과하기 쉬운 부분이다. 예수님과의 친밀한 관계에는 늘 용기가 필요하다.

천사의 통보가 요셉과 마리아에게 어떤 의미였을지

생각해 보라. 마리아가 임신했는데, 요셉이 알았듯이 아버지는 자신이 아니었다. 그래서 그는 파혼하려 했으나 천사가 나타나 "성령으로 잉태한 것이니 마리아와 결혼하라"라고 말했다. 하지만 요셉이 그녀와 결혼한다면 체면과 명예를 중시하던 그 사회의 모든 사람이 아기의 출생 시기가 결혼 후 열 달만이 아님을 알게 된다. 여자가 이미 임신한 상태였음이 밝혀진다. 이는 요셉과 마리아가 혼전에 잠자리를 가졌든지 아니면 마리아가 불륜을 저질렀다는 뜻이 되며, 어느 쪽이든 두 사람은 수치와 사회적 배척과 거부를 당하게 된다. 영영 2등 시민, 사회적 약자가 되는 것이다.

이것은 '예수 그리스도께서 당신 삶에 들어오시면 흠없는 평판과는 작별해야 한다'는 메시지다. 아직 마태복음 1장이 그 정도이고, 2장으로 넘어가면 요셉은 더 많은 사실을 깨닫는다. 예수님을 삶에 받아들였다는 이유로 그는 사회적 지위만 훼손당한 게 아니라 목숨까지 위태로워졌다.

우리에게는 이것을 어떻게 적용할 수 있는가? 예수님을 삶에 받아들이려면 용감해야 한다. 신자라면 누구나 적어도 세 가지 용기를 갖추어야 한다.

세상의 멸시를 감수하는 용기

우선 세상의 비웃음을 감수할 용기가 필요하다. 요셉의 친구들은 모두 "네가 결혼 전에 임신시켰든지 마리아가 정조를 어겼든지 둘 중 하나야"라고 말할 것이다. 그들에게 진실을 알려 주려는 요셉이 상상이 되는가? "내 설명 좀 들어 봐. 마리아는 성령으로 임신한 거라고!"

그들의 눈빛을 상상해 보라. 친구들은 진실을 이해하지 못할 것이고, 그래서 요셉이 미쳤거나 속았거나 둘 중 하나라고 생각할 것이다. 그리스도인이라면 사실상 모두가 일부 관계에서 똑같은 일을 겪게 마련이다.

오늘날에도 전 세계 많은 나라에서 기독교 신앙을 고백했다가는 자칫 목숨 자체가 위태로울 수 있다. 서구 국가에서 그리스도인들을 물리적으로 박해하는 일은 아직 미미하지만, 역사적 기독교 신앙을 고수하는 이들을 향한 조롱과 멸시는 점차 늘고 있다. 이 모두에 당당하게 맞서

려면 용기가 필요하다. 요셉의 경우처럼 많은 사람들이 도무지 우리를 이해하지 못할 것이며, 그리하여 많은 경우에 당신의 평판이 나빠질 것이다.

내가 결정할 권리를 내려놓는 용기

천사는 요셉에게 아들의 이름을 전했다. 당시 문화에서 자식의 이름을 짓는 일은 아버지의 절대적 권한이었다. 자식에 대한 전적인 권리가 아버지에게 있었고, 작명은 그 집안이 아버지의 소관이라는 한 증표였다. 그런데 천사는 그 권리를 앗아 갔다. 요셉에게 아들의 이름을 직접 짓지 못하게 함으로써 천사는 이렇게 말한 셈이다. "예수님이 네 삶에 계시면 네가 그분의 주관자가 아니다. 곧 태어날 이 아이가 네 주관자시다."

사람들이 내게 늘 하는 말이 있다. "나는 기독교인이 되는 데 관심이 있다. 하지만 기독교인이 된다고 해서 이것저것 해야 한다면 싫다." 이게 무슨 말인가? 그분의 이름을 그들 스스로 지으려는 것이다. 그들의 말인즉 '나는 예수 그리스도를 원하지만 내 기준대로라야 한다'는 것이다. 하지만 천사는 말하기를 그분이 우리 삶에 들어오시면 우리가 그분을 통제하는 게 아니라 그분이 우리를 통제하신다고 했다.

그리스도께 가려면 당신의 조건을 다 내려놓아야 한다. 그 말은 무슨 뜻인가? "만약 ~하면 순종하겠습니다. 만약 ~하면 그렇게 하겠습니다"라고 말할 권리를 버려야 한다는 뜻이다. 순종에 조건을 다는 순간 그것은 순종이 아니라 이렇게 말하는 것이다. "주님은 제 주인이 아니라 조언자입니다. 주님의 권유를 기쁘게 받아, 가능하다면 그중 더러는 시행해 보기도 하겠습니다."

예수님이 당신과 함께 계시기를 진정으로 바란다면 당신 마음대로 인생을 결정할 권리를 기꺼이 내려놓아야 한다. 자기를 부인하는 일은 자기주장을 내세우는 후기 현대의 문화와 충돌하지만, 우리는 바로 거기로 부름받았다. 그 이하로는 안 된다.

자기를 부인하는 일은 우리 문화에서 완전히 미친 짓으로 통하지만, 그리스도인이 되려면 용기를 내서 그렇게 결단해야 한다. "아무든지 나를 따라오려거든 자기를 부인하고"(눅 9:23). 현대 사회에서 쉴 새 없이 들려오는 한 가지 신성한 법은 '자아에 충실하라'는 것이다. 항상 자신의 가장 깊은 꿈을 이루고 가장 깊은 갈망을 채우고자 애써야 한다는 것이다. 하지만 이런 인생철학에는 중대한 문제가 많다. 우선 우리의 감정이 수시로 변하며, 언제라도 대개 감정끼리 충돌한다는 사실이다.

그럼에도 그게 지배적 견해이며, 그래서 그리스도인의 소명은 충격적이다. 현대인들이 자율적으로 결정할 권리를 버리려면 용기가 필요하다. 그래도 이는 꼭 필요한 과정이다. 예수님을 삶의 중심에 모시려면 그분께 무조건 순종해야 한다. 5장에서 이 주제를 더 살펴볼 것이다.

두려운 일인 줄 나도 알지만 이는 모험이기도 하다. 그분의 주권에 대한 모험이다. 흔히들 그렇듯이 나도 청년 시절에 자아를 알고자 고민했다. 내가 누구인지 알아내고 싶어 기독교도 고려해 보았지만, '예수 때문에 나다워질 수 없다면 기독교인이 되고 싶지 않다'는 생각이 들었다. 하지만 이제 와서 40년 전을 돌아보면, 삶의 그 단계에서는 내 마음의 실체를 내가 결코 알 수 없었음을 깨닫는다.

최고의 충절을 그분께 바쳐야만 우리에게 가장 필요

한 것을 그분에게서 받을 수 있다. 우리의 이름을 그분이 지어 주셔야 한다. 그분은 우리를 지으신 분이므로 우리가 누구이고, 무엇을 위해 지음받았으며, 무엇이 우리에게 맞는지 아신다. 그분이 우리 삶에 들어오시기 전까지는 우리가 누구인지 알 수 없다는 뜻이다. 그분께 순종해야만 우리의 참정체를 알 수 있다.

내가 죄인임을 인정하는 용기

마지막이자 가장 근본적으로 자신이 죄인임을 인정하는 용기가 없이는 예수님을 인격적으로 알 수 없다. 그분의 전체 사명이 무엇인가? 본문에 분명히 나와 있다. "이는 그가 자기 백성을 그들의 죄에서 구원할 자이심이라"(마 1:21). 당신은 "잠깐, 나는 예수님이 우리에게 능력과 사랑을 주러 오신 줄로 알았는데?"라고 말할지 모른다. 그것도 맞지만 먼저 그분은 우리를 용서하러 오셨다. 나머지는 다 거기서 비롯되기 때문이다.

당신은 이렇게 고백할 의향이 있는가? "나는 도덕적

실패자다. 마음과 목숨과 힘과 뜻을 다하여 하나님을 사랑하지 못하고 이웃을 나 자신처럼 사랑하지 못한다. 그래서 나는 죄인이다. 다른 무엇보다도 먼저 용서와 사면이 필요하다."

인정하려면 엄청난 용기가 필요하다. 옛 자아상을 버리고 예수 그리스도를 통해 새사람이 되어야 하기 때문이다. 예수께서 당신의 삶에 가져다주실 수 있는 게 많지만 이거야말로 그 모든 것의 기초다. 모든 위로와 희망과 즐거운 겸손과 나머지는 다 거기서 파생된다.

그렇게 용감해질 힘을 어디서 얻을 것인가? 예수님을 바라보면 된다. 당신이 그분과 함께 있는 데도 용기가 필요하지만, 그분이 당신과 함께 계시는 데는 무한히 더 용기가 필요했다. 용기가 하나님의 속성인 종교는 기독교밖에 없다. 용기가 필요한 신은 다른 어느 종교에도 없다.

패커가 지적했듯이 예수께서 우리를 구원하시려면 겟세마네 동산에서 땀 흘려 씨름하시고 고통스러운 죽음을 맞이하셔야만 했다. 그분은 죽을 수밖에 없는 연약한 인간이 되어 고난과 배반과 죽임을 당하셨다. 이 모든 일을 당신을 위해 당하시며 그것을 가치 있게 여기셨다. 당신을 위해 어둠에 직면하시는 그분을 보라. 그러면 당신도 어떤 어둠에든 능히 직면할 수 있을 것이다.

〈천사 찬송하기를〉이라는 찬송가에 "순순히 영광을 버리셨네"라는 소절이 있다(한글 새찬송가에는 번역되지 않고 삭제된 가사-편집자 주). 이 말은 무슨 뜻인가? 그분이 기꺼이 자원하여 사랑으로 그리하셨다는 뜻이다. 아무도 그분께 강요하지 않았다. 그것은 단지 의무가 아니었다. 상상할 수 없는 고통과 죽음을, 그분은 당신을 위해 사랑으로 맞이하셨다.

어미 곰과 새끼 곰 사이에 감히 끼어들지 말라. 이야기나 영화에 보면 난공불락의 적에 맞서 악착같이 자녀를 지켜 내는 어머니가 얼마나 많은가. 어머니의 그 용기는 어디서 왔는가? 사랑에서 왔다. 예수님은 왜 용기를 내서 우리를 위해 그런 일을 하셨는가? 사랑 때문이다! 당신은 어떻게 용기를 얻을 것인가? 역시 답은 같다.

당신을 위해 그 모든 일을 하시는 예수님을 보라. 그러면 당신도 그분을 사랑하게 되어 용감하게 그분을 삶의 중심에 모실 것이고, 그리하여 그분은 당신과 함께 계시고 당신은 그분과 함께 있을 것이다.

가장 낮은 데로 내려오신 왕, ────── 예수

4

내 속에 날뛰는
'헤롯 왕'이 물러나야 한다

마태복음 2장 1-3, 7-8, 13-16, 22-23절

¹ 헤롯 왕 때에 예수께서 유대 베들레헴에서 나시매

동방으로부터 박사들이 예루살렘에 이르러 말하되

² 유대인의 왕으로 나신 이가 어디 계시냐 우리가

동방에서 그의 별을 보고 그에게 경배하러 왔노라 하니

³ 헤롯 왕과 온 예루살렘이 듣고 소동한지라 ⁷ 이에 헤롯이

가만히 박사들을 ⁸ 베들레헴으로 보내며 이르되 가서

아기에 대하여 자세히 알아보고 찾거든 내게 고하여 나도

가서 그에게 경배하게 하라

¹³ 그들이 떠난 후에 주의 사자가 요셉에게 현몽하여

이르되 헤롯이 아기를 찾아 죽이려 하니 일어나 아기와

그의 어머니를 데리고 애굽으로 피하여 내가 네게

이르기까지 거기 있으라 하시니 ¹⁴ 요셉이 일어나서 밤에

아기와 그의 어머니를 데리고 애굽으로 떠나가 ¹⁵ 헤롯이

죽기까지 거기 있었으니 이는 주께서 선지자를 통하여
말씀하신 바 애굽으로부터 내 아들을 불렀다 함을
이루려 하심이라

[16] 이에 헤롯이 박사들에게 속은 줄 알고 심히 노하여
사람을 보내어 베들레헴과 그 모든 지경 안에 있는
사내아이를 박사들에게 자세히 알아본 그때를 기준하여
두 살부터 그 아래로 다 죽이니 [22] 그러나 [요셉은]
아켈라오가 그의 아버지 헤롯을 이어 유대의 임금 됨을
듣고 거기로 가기를 무서워하더니 꿈에 지시하심을 받아
갈릴리 지방으로 떠나가 [23] 나사렛이란 동네에 가서 사니
이는 선지자로 하신 말씀에 나사렛 사람이라 칭하리라
하심을 이루려 함이러라.

예수님의 출생을 다룬 이 유명한 기사는 마태복음에만 나온다. 아기 예수가 아직 베들레헴에 있을 때 동방 땅의 현인이자 점성술사인 지혜로운 사람들이 예루살렘에 왔다. 그들은 유대의 통치자인 헤롯 왕 앞에 가서 "유대인의 왕으로 나신 이가 어디 계시냐" 하고 물었다.

왕궁에 가서 "왕이 어디 계시냐" 하고 물으면 현재 왕좌에 앉아 있는 사람은 놀랄 수밖에 없다. 본문에 헤롯이 "소동한지라"라고 했는데 이는 축소된 표현이다. 역사에 따르면 이 사람은 당시 기준으로 보더라도 유별나게 포악한 통치자였다. 자신의 절대 권력을 아무도 넘보지 못하게 하려고 조정 대신들은 물론 자기 가족들까지도 많이 죽였다.

박사들의 보고를 들은 헤롯은 학자들에게 물어 메시아가 베들레헴에서 날 것이라는 예언을 알아냈다. 그리고 박사들에게 베들레헴에 가서 메시아를 찾되 자신에게도 알려 "나도 가서 그에게 경배하게 하라"라고 일렀다. 물론 속으로는 그 아기를 죽일 생각뿐이었다.

박사들은 결국 예수님을 만났으나 꿈에 하나님의 경고를 받아 헤롯에게 일절 말하지 않고 다른 길로 귀국했다. 속은 것을 안 잔인한 왕은 장래 통치자를 완전히 없애려고 베들레헴에 사는 두 살 이하 아기를 모두 몰살했다. 현재 알려진 바 당시 베들레헴 같은 촌락들의 인구로 보아 살해된 아기는 20-30명쯤 되었을 것이다.

우리로서는 충격적 사건이지만 헤롯 치하에서는 하도 흔한 일이라서 다른 사기(史記)에 언급될 가치조차 없었다. 하지만 그 고을에는 당연히 참사였다. 아기를 빼앗아 부모가 보는 앞에서 잔인하게 죽인다는 것은 어느 부모에게나 참담한 일이다.

예수님도 대규모 살상의 피해자가 되실 뻔했으나 하나님이 요셉에게 헤롯의 살의를 미리 알려 주셨다. 요셉은 마리아와 아기 예수를 데리고 애굽(이집트)으로 갔다. 알렉산드리아에 유대인의 큰 이민 사회가 있었다. 정치적으로 헤롯과 불화한 사람들이 피해 사는 곳이었는데 요셉도 아마 거기로 갔을 것이다.

요즘 전쟁과 박해와 압제로 인해 발생한 난민들이 뉴스에 자주 나오는데, 보다시피 예수님도 한때 조국에서 쫓겨난 난민이셨다. 헤롯이 죽자 요셉은 가족을 데리고 유대로 돌아왔다가 나사렛에 정착했다.

그래서 어쨌다는 말인가? 좀 더 부드럽게 말해서 마태는 왜 이 기사를 보존했는가? 여기서 우리가 배워야 할 것은 무엇인가? 우선 중요하게 기억할 것은 마태, 마가, 누가, 요한 등 복음서의 저자마다 책에 담을 만한 자료는 무궁무진하게 많았다는 점이다. 그래서 그들은 선별했다.

예수님의 생애에서 그들이 뭔가를 우리에게 말해 주기로 골랐을 때는 적어도 두 가지 이유가 있다. 첫째로, 실제로 있었던 일이기 때문이다. 둘째로, 알려 줄 게 있어서 보존했다. 각 내용은 예수님이 정말 누구시고, 무엇을 하러 오셨으며, 그분의 메시지와 사역은 무엇인지에 대해 뭔가를 계시해 준다. 그렇다면 여기서 마태가 크리스마스의 의미에 대해 그리고 예수님 자신에 관해 우리에게 말하려는 바는 무엇인가?

누가 왕인가, 실제로

    기만과 두려움과 유혈과 불의와 노숙의 이 기사는 우리에게 너무도 익숙하다. 온 세상에 큰 악이 넘쳐난다. 그러나 이 악이 어디서 기인하는지의 문제에는 논란이 구구하다.

    한쪽 극단에는 부유층과 권력층을 탓하는 무리가 있다. 이런 관점에 따르면 빈민층과 소수집단이 세상 이야기에서 영웅이 되는 경향이 있다. 반대쪽 극단에는 부도덕하고 무책임한 자들이 근본 문제라고 주장하는 무리가 있다. 그렇게 보면 근면하고 반듯한 중산층이 이야기의 영웅이되고 무능한 빈민층과 부도덕한 엘리트층은 함께 악당이되기 일쑤다.

    언뜻 보면 마태복음의 본문은 전자의 편에 서는 것 같다. 어디까지나 헤롯은 불의한 통치자로서 권력을 남용하고 무죄한 이들을 살육했다. 게다가 성경의 큰 주제 가운데하나는 하나님이 빈민을 압제하는 자들을 대적하신다는 것이다.[1] 하지만 성경의 전체 가르침을 보면 세상 악이 나오는 곳은 모든 인간의 마음이다. 헤롯 왕이 그리스도께 보인 반응은 그런 의미에서 우리 모두의 모습이다.

당신이 왕이 되고 싶은데 다른 사람이 나타나 왕으로 자처한다면 둘 중 하나는 물러나야 한다. 절대 권좌에는 한 사람만 앉을 수 있다. 앞서 보았듯이 예수님은 우리에게 오셔서 하나님과 왕으로 자처하셨다.

그분은 "무릇 내게 오는 자가 자기 부모와 처자와 형제와 자매와 더욱이 자기 목숨까지 미워하지 아니하면 능히 내 제자가 되지 못하고"(눅 14:26)라고 말씀하셨다. 이는 가족을 말 그대로 증오하라는 명령이 아니라 그분께 최고의 충절을 바치라는 부름이다. 이 충절에 비하면 다른 모든 헌신은 무색해질 정도다. 이처럼 그분은 자신의 절대 권위를 주장하시며 무조건 충성하라 명하셨는데, 이는 필연적으로 인간의 마음속에 깊은 저항을 불러일으킨다.

로마서 8장 7-8절에 사도 바울이 말했듯이, 본능적 상태에서 인간의 생각은 하나님을 향한 '적의'(헬라어로 '에크드라') 내지 증오다. 이어 그는 "육신의 생각은 …… 하나님의 법에 굴복하지 아니할 뿐 아니라 할 수도 없음이라"라고 덧붙였다. 인간 마음의 응어리에는 '아무도 나에게 이래라 저래라 할 수 없다'는 근성이 자리해 있다.

이 깊은 본능을 자신에게조차 숨기도록 우리를 가르치는 데 문화와 교육이 크게 일조할 수 있다. 우리는 협조적인 팀 플레이어이자 친절하고 인정 많은 사람으로 비쳐지고 싶고, 스스로도 자신을 그렇게 보려 한다. 방금 말한 본능이 얼마나 끈질긴지를 이처럼 부정하며 살아가야 할 이유는 우리에게 얼마든지 많이 있다. 그러나 아무리 교육이나 치료를 많이 받아도 그 본성을 제거할 수는 없다.

성경에 따르면 궁극적으로 세상의 악은 자기중심적이고 독선적이고 자아도취적인 모든 인간의 마음에서 비롯된다. 우리는 다 세상이 나와 내 필요와 갈망을 중심으로 돌아가기를 원한다. 하나님이나 이웃을 섬기기는커녕 오히려 자신이 섬김을 받기를 원한다. 요컨대 만인의 마음속에 '작은 헤롯 왕'이 있어 자신이 지배하려 하고, 무엇이든 자신의 주권과 전능성을 침해할 만한 것에는 위협을 느낀다. 우리는 다 자기 영혼의 선장이요 자기 운명의 주인이 되기를 원한다.

누가 자신에게 타인을 지배할 권한이 있다고 주장하면, 우리 마음은 본능적으로 거기에 적의를 품는다. 다만 주장하는 내용이 소소하면 적의도 약해진다. 그러나 예수님이 주장하신 권한은 절대적이고 무한하다. 외부 도움 없이는 그 누구도 그분의 주장에 즐거이 복종할 수 없다.

바울이 로마서에 그것을 분명히 밝혔다. 로마서 3장 10-11절에 그는 "의인은 없나니 하나도 없으며 깨닫는 자도 없고 하나님을 찾는 자도 없고"라고 했다. 이 진술이 터무니없는 과장처럼 보일 만도 하다. 이렇게 말할 수도 있다. 완벽하게 선하고 의로운 사람이 하나도 없음은 사실이다. 하지만 어떻게 하나님을 찾는 사람이 하나도 없다고 말할 수 있는가? 그분을 찾는 진실한 구도자들이 수없이 많지 않은가? 고금의 기독교 신학자들은 다음 두 가지를 각각 구분하여 거기에 답했다.

첫째로, 그들에 따르면 하나님이 주시는 사랑, 도움, 힘, 용서, 행복을 원한다 해서 실제로 그분 자신을 찾거나 원하는 것은 아니다. 많은 사람들이 구도자처럼 보이지만 마음은 자기가 얻을 잇속에 가 있다. 오로지 돈 때문에 친구를 사귀거나 심지어 돈만 보고 결혼하는 사람과 같다. 이런 견해를 뒷받침하는 증거는 탄탄하다. 삶이 자신의 뜻대로 풀리지 않고 하나님이 기도에 응답하지 않아 신앙을 버렸다고 고백하는 사람들이 부지기수다.

둘째로, 신학자들에 따르면 사람들은 각자가 원하는 하나님을 찾을지는 몰라도 성경에 친히 자신을 계시하신 그 하나님을 찾는 사람은 하나도 없다. 몇 년 전에 어떤 토크쇼를 시청하는데 무신론자가 게스트로 출연했다. 진행자는 하나님을 믿는 신자였는데 무신론자가 토론에 이기고 있었다.

좌절한 진행자는 지극히 미국적인 일을 했다. 스튜디오에 온 방청객들의 여론을 조사한 것이다. "여러분 중에 일종의 신을 믿는 분이 얼마나 됩니까?"

대부분이 손을 들었다. 진행자는 자신이 논쟁에 이겼다고 생각했겠지만 사실은 그렇지 않다.

나는 그 진행자가 청중에게 이렇게 물었다면 결과가 어떻게 나왔을지 늘 의문이 들었다. "여러분 중에 성경의 하나님을 믿는 분이 얼마나 됩니까? 그 하나님은 불과 연기 가운데 시내산에 강림하여 '형벌받을 자는 내가 결단코 사하지 아니하리라'고 말씀하십니다. 누구든지 그분의 영광에 접근하면 즉시 죽으리라고 인간에게 말씀하십니다. 그 하나님을 믿는 분이 몇이나 됩니까?"

확신하는데, 손을 드는 사람이 혹 있더라도 훨씬 적었

을 것이다.

여기서 크리스마스의 숨겨진 진리 가운데 하나가 드러난다. 헤롯 왕이 폭력으로 권력을 탐한 이 일화는 우리 자신의 본성을 보여 준다. 우리 삶을 주관하실 권리가 당연히 하나님께 있건만, 우리는 거기에 저항하다 못해 적의를 품는다. 자신의 입맛대로 하나님을 지어내 참하나님을 향한 적의를 감춘다.

그분은 자신을 우리의 절대적 왕으로 계시하셨다. 크리스마스에 아기로 태어나신 주님이 참하나님이라면, 그런 그분을 찾을 사람은 아무도 없다. 그분을 원하고 찾도록 우리 마음이 초자연적으로 변화되지 않고서는 말이다.

그래서 바울은 모든 인간이 본성상 하나님의 원수라고 말했다(롬 5:10 참조). 신자들도 마찬가지다. 우리는 종교를 통해 하나님을 길들이려 한다. 온갖 행위를 통해 그분을 우리의 채무자로 만들려 한다. 우리가 바라는 방식대로 그분이 복을 주실 수밖에 없도록 말이다. 로마서 1-5장을 읽어 보라. 바울은 신앙을 가졌다고 하는 사람들도 종교가 없는 사람들과 똑같이 하나님의 주권에 적의를 품는다고 역설한다. 다만 그것을 종교적인 방식으로 표출하거나 감출

뿐이다.

"왕이 어디 계시냐." 그야말로 인간의 마음을 가장 소동하게 하는 물음이다. 우리는 저마다 무슨 수를 써서라도 자기 삶의 왕좌를 지키려 하기 때문이다. 또 종교를 이용해 그 왕좌를 고수할 수 있다. 조건 없이 하나님을 섬기는 게 아니라 내 의를 내세워 그분을 내 말대로 하실 수밖에 없게 만드는 것이다. 반대로 우리는 종교를 버리고 무신론자가 되어, 신은 없다고 목청 높여 주장할 수도 있다. 둘 중 어느 쪽이든 참되신 왕의 주권에 맞서 본능적 적의를 표출하기는 마찬가지다.

하나님을 향한
숨은 분노와 끈질긴 적의

당신 마음속에 하나님을 향한 깊은 적의가 있음을 아는가? 이 말이 과장처럼 들린다면 당신은 자기 자신을 모르는 것이다. 현실을 직시하지 못하는 것이다. 그런 이들에게 정중하게 조언하고 싶다.

먼저 기독교나 어쩌면 하나님의 존재조차도 믿지 못하겠다는 이들에게 말하고 싶다. 당신이 객관적이지 못하다는 사실을 잊지 말라. 철학자 토머스 네이글(Thomas Nagel)은 자기 감정에 매우 솔직한 무신론자다.

> 지금 나는 …… 종교 자체에 대한 두려움을 말하고 있다. 나 자신도 이 두려움에 깊이 사로잡혀 있기에 경험으로 하는 말이다. 나는 무신론이 옳았으면 좋겠다. 내가 아는 가장 박식한 지성인들 중 일부가 종교 신자라는 사실이 나를 불편하게 한다. 나는 신을 믿지 않으며, 당연히 내 신념이 옳기를 바란다. 하지만 그것만이 아니다. 나는 신이 없었으면 좋겠다! 신이 있는 게 싫다. 그런 우주는 싫다. 짐작컨대 이런 우주적 권위 문제는 드문 일이 아니다.

네이글이 말한 "우주적 권위 문제"는 모든 인간이 하나님의 주권에 본능적으로 반감을 품는다는 바울의 선포와 거의 정확히 일치한다. 네이글은 각주에 "신의 존재 여부에 정말 냉담한 사람이 있을지" 의문이라고 덧붙였다.[2]

이렇듯 크리스마스의 사실성 여부에 정말 중립적인 사람은 아무도 없다. 하나님의 아들이 정말 마구간에서 태어나셨다면 우리는 이미 자신의 삶을 주관할 권리를 잃었다. 어떤 주장이 사실일 경우 당신이 자신의 삶을 통제할 권한을 잃는다고 하자. 누가 그 주장에 객관적일 수 있겠는가? 당신도 객관적일 수 없다. 당신이 기독교를 믿지 않는 사람이라면 그 점을 늘 염두에 두기 바란다. 당신의 회의에 의문을 제기하라.

그리스도인들에게도 한마디 조언할 것이 있다. 당신은 이렇게 말할지 모른다. "어떻게 우리가 하나님의 원수일 수 있는가? 바울의 말처럼 우리는 예수님을 통해 하나님과 화목하게 되어 화평을 누리고 있지 않은가?(롬 5:1-11)" 그렇다, 그것은 놀라운 사실이다. 그분이 우리를 용서하셔서 우리는 그분과 화목하게 되었다.

하지만 바울이 로마서 6-8장에 밝힌 대로 당신의 마음속에 아직 하나님을 향한 분노와 적의가 잔재해 있음을 알아야 한다. 아직 다 없어진 것은 아니다. 시간이 다해 우리가 완전한 육체와 완전한 영혼으로 영화롭게 될 때까지는 그렇게 남아 있을 것이다. 항상 그 점을 감안하기 바란다.

기도하기가 왜 이렇게 어렵다고 생각하는가? 가장 영광스러운 인격체이신 그분께 집중하기가 왜 이렇게 어려운가? 하나님이 기도에 응답하시면 "오, 주님, 이번 일을 절대로 잊지 않겠습니다"라고 하고서는 금방 잊어버리는 까닭은 무엇인가? "다시는 이러지 않겠습니다!"라고 고백해 놓고 두 주 만에 똑같은 잘못을 되풀이한 적이 얼마나 많은가? 바울도 로마서 7장 15절에 "내가 …… 도리어 미워하는 것을 행함이라"라고 토로했다.

당신 내면에 작은 헤롯 왕이 여전히 남아 있다. 그만큼 신자로서의 성장과 기도에 우리가 훨씬 더 의지적으로 힘써야 한다는 뜻이다. 나쁜 습관을 끊고자 다른 사람들의 감시를 받는 일도 마찬가지다. 그리스도인의 삶이란 쉽게 거저 되는 게 아니다. 아직도 거기에 맞서 싸우는 뭔가가 당신 안에 남아 있다.

왜 그들을 택하셨나,
왜 나를 택하셨나

크리스마스는 궁극의 왕이 세상에 오셨다는 뜻이다. 그런데 성경에 보면 예수께서 왕으로 오시는 횟수는 한 번이 아니라 두 번이다. 두 번째는 권능으로 오셔서 모든 악과 고난과 죽음을 종식시키실 것이다. 그러나 첫 번째인 크리스마스 때에는 그분이 강자가 아니라 연약한 모습으로 오셨다. 가난한 집안에, 심지어 마구간에서 태어나셨다.

> 궁전이나 저택에서 찾지 말고
> 왕의 휘장도 들추지 말라.
> 마구간에 가면 밀짚에 누우신
> 너의 하나님을 보리라. [3]

예수님은 세상이 예상하던 왕처럼 행동하지 않으셨다. 그분은 학문적 자격증도 없었고 사회적 지위도 없었다. 요셉이 가족을 데리고 돌아와 정착한 곳은 왕권의 중심지와는 먼 나사렛이었다(마 2:22-23 참조). 그러니까 예수님은 구유에서 나셨을 뿐 아니라 나사렛 사람으로 자라셨다. 이 말은 무슨 뜻인가?

예수님이 나사렛 출신임을 알고 기겁한 요한복음 1장의 나다나엘에게서 그 답을 엿볼 수 있다. 그는 "나사렛에서 무슨 선한 것이 날 수 있느냐"(요 1:46)라고 외쳤다. 모든 유대 사람은 갈릴리와 나사렛의 촌뜨기라면 무조건 깔보았다. 그런데도 본문에 보듯이 하나님은 온 세상의 메시아가 바로 거기서 자라도록 섭리하셨다.

세상은 엉뚱한 자격증을 갖춘 엉뚱한 지역 출신 사람들을 늘 멸시해 왔다. 그래서 우리는 늘 자신을 정당화하려 한다. 어떻게든 남들 앞에 우월감을 느껴야 직성이 풀린다. 그러나 예수님은 철저하게 우리의 그런 충동에 맞서신다.

세상은, 행여 누구든 답을 갖고 있을지라도 그 답은 특정한 곳에서 와야 한다고 고집한다. 특정한 자격증을 구비한 사람이 답을 해야 한다. 특정한 학교를 나온 특정한 생김새를 한 사람이 답을 내놓아야 한다. 미시시피가 아니라 뉴욕에서 나와야 한다. 겨우 고등학교만 마친 사람이 아니라 세계적으로 이름난 대학의 교수가 답해야 한다. 나사렛 출신은 결코 정상에 오를 수 없다.

그런데 성경의 가르침을 보면 하나님은 그런 식으로 일하지 않으시는 정도가 아니라 으레 정반대로 일하신다. 세계 역사상 가장 위대하신 인물이 구유에서 태어나 나사렛에서 자라셨다. 성경 전체가 다 그렇다. 처음에 메시지를 보내실 때도 그분은 애굽이나 로마나 앗수르나 바벨론 민족을 통해 하신 게 아니라 약소국이자 소수 민족인 유대인을 통해 하셨다.

골리앗을 처리하실 때 쓰신 사람도 골리앗보다 더 큰 거인이 아니라 그에게 비웃음을 사던 작고 어린 목동이었다. 이게 하나님이 일하시는 방식이다. 그분은 엘리야에게 어떻게 말씀하셨던가? 지진과 바람과 불로 하셨던가? 아니다. 세미한 음성으로 말씀하셨다.

고대에는 모든 재산이 늘 장남 몫이었고 차남과 그 이하는 사회적 지휘가 없었다. 그런데 하나님은 어떻게 일하셨던가? 가인이 아니라 아벨을 통해, 이스마엘이 아니라 이삭을 통해, 에서가 아니라 야곱을 통해, 므낫세가 아니라 에브라임을 통해, 형들이 아니라 다윗을 통해 일하셨다.

미모와 다산이 여자의 가치로 통하던 그 시대에 하나님은 젊은 하갈이 아니라 늙은 사라를 택하셨다. 라헬이 아니라 레아를, 즉 야곱에게 사랑받지 못하던 박색의 레아를 택하셨다. 그분이 택하신 리브가, 한나, 삼손의 어머니, 세례 요한의 어머니 엘리사벳은 모두 아기를 낳을 수 없는 여인들이었다.

왜 그들을 택하셨을까? 하나님은 입에 침이 마르도록 누누이 말씀하신다. "나는 예루살렘이 아니라 나사렛을 택하겠다. 아무도 원하지 않는 소녀를 택하겠다. 모두에게 잊힌 소년을 택하겠다."

왜 그러실까? 하나님은 그냥 약자를 좋아하시는 것일까? 아니다. 그분은 이를 통해 구원 자체를 말씀하신다. 다른 모든 종교와 도덕 철학은 우리에게 전력을 다하여 제대로 살라고 말한다. 그래서 그런 종교와 철학은 강자에게 호소한다. 피땀을 흘려 가며 매진할 사람들에게 호소한다.

오직 예수님만이 이렇게 말씀하신다. "나는 약자를 위해 왔다. 자신의 연약함을 인정하는 사람들을 위해 왔다. 나는 그들의 행위를 봐서가 아니라 내가 이룬 일을 통해 그들을 구원할 것이다."

그분의 생애 내내 사도들과 제자들은 묻고 또 물었다.
"예수님, 언제 권좌에 올라 세상을 구원하시겠습니까?" 예
수님의 대답은 한결같았다. "너희는 모른다. 나는 모든 권
력을 잃고 죽을 것이다. 그렇게 세상을 구원할 것이다."

그리고 생애의 정점에 이르러 그분이 오르신 곳은 왕
좌가 아니라 십자가였다. 그분이 우리를 대신하여 당하신
악과 고난과 죽음은 하나님을 등진 우리가 마땅히 당해야
할 결과였다. 그분 덕분에 우리는 믿음으로 그분과 화목해
질 수 있고, 그분은 왕으로 재림하실 때 모든 악만 종식시
키고 우리를 끝내지 않으실 수 있다. 그분은 연약하셨지만
사실은 그게 그분의 힘이었다.

결론은 무엇인가? 우리 앞에 위로와 도전이 있다. 우
선 위로부터 보자. 당신이 어떤 사람이든 관계없다. 어떻게
살아왔든 관계없다. 지옥의 앞잡이였다 해도 관계없다. 당
신의 배경이 어떻든 관계없다. 당신의 과거에 어떤 깊고 어
두운 비밀이 있든 관계없다. 아무리 지독하게 망쳤더라도
관계없다.

당신이 회개하고 예수님을 통해 하나님께 나아오면

하나님은 당신을 받아 주시고 당신의 삶에 역사하실 뿐 아니라 당신 같은 사람들을 통해 일하기를 기뻐하신다. 인류 역사를 통틀어 그분이 늘 해 오신 일이 그것이다.

하지만 여기에 도전이 있다. 그리스도인들은 어디에나 필요하다. 문화적 권력의 중심부도 거기에 포함된다. 즉 영향력과 재능과 재력과 아름다움을 갖춘 사람들이 살고 있는 곳에도 그리스도인들이 필요하다. 그런데 크리스마스가 우리에게 가르치는 바는 그런 사람들에게 매료되거나 그들 쪽에 유리한 편견을 품지 말라는 것이다. 우리는 그들 가운데도 섞여 살면서 그들을 이웃으로 사랑하고 섬겨야 하지만, 그러다 보면 유혹이 따른다. 그래도 우리는 그들을 사랑하고 섬길 뿐, 멋과 권력의 '중심부'에 들려는 욕구나 갈망일랑 버려야 한다.

크리스마스는 인종과 혈통과 부와 지위가 결국 중요하지 않음을 의미한다. 그러므로 우리는 가난한 자들에게만 아니라 유복한 자들에게도 호불호의 편견을 품어서는 안 된다. 지위와 재산을 숭배하는 속물이 되어서는 안 되지만, 그런 사람을 상대로 우월의식에 빠져서도 안 된다.

크리스마스 정신을 깨닫는 그리스도인은 이 모든 것

에서 해방될 수 있다. 예수께서 성공의 세상적 개념을 전복하셨기 때문이다.

HIDDEN
CHRIST MAS

— 온 삶이 예수 생명에 젖다

처음 우리를 지으신 분이
우리를 '다시' 지으신다

예수, ────── '믿는 은혜'를 주시다

5

믿음의 여정,
그분의 이끄심이 필요하다

누가복음 1장 27-38절

²⁷ 그 처녀의 이름은 마리아라 ²⁸ 그에게 들어가 이르되
은혜를 받은 자여 평안할지어다 주께서 너와 함께하시도다
하니 ²⁹ 처녀가 그 말을 듣고 놀라 이런 인사가 어찌함인가
생각하매 ³⁰ 천사가 이르되 마리아여 무서워하지 말라
네가 하나님께 은혜를 입었느니라

³¹ 보라 네가 잉태하여 아들을 낳으리니 그 이름을 예수라
하라 ³² 그가 큰 자가 되고 지극히 높으신 이의 아들이라
일컬어질 것이요 주 하나님께서 그 조상 다윗의 왕위를
그에게 주시리니 ³³ 영원히 야곱의 집을 왕으로 다스리실
것이며 그 나라가 무궁하리라

³⁴ 마리아가 천사에게 말하되 나는 남자를 알지 못하니 어찌 이 일이 있으리이까 ³⁵ 천사가 대답하여 이르되 성령이 네게 임하시고 지극히 높으신 이의 능력이 너를 덮으시리니 이러므로 나실 바 거룩한 이는 하나님의 아들이라 일컬어지리라 ³⁶ 보라 네 친족 엘리사벳도 늙어서 아들을 배었느니라 본래 임신하지 못한다고 알려진 이가 이미 여섯 달이 되었나니 ³⁷ 대저 하나님의 모든 말씀은 능하지 못하심이 없느니라 ³⁸ 마리아가 이르되 주의 여종이오니 말씀대로 내게 이루어지이다 하매 천사가 떠나가니라.

누가복음 1장 41-49, 54-55절

[41] 엘리사벳이 마리아가 문안함을 들으매 아이가 복중에서 뛰노는지라 엘리사벳이 성령의 충만함을 받아 [42] 큰 소리로 불러 이르되 여자 중에 네가 복이 있으며 네 태중의 아이도 복이 있도다 [43] 내 주의 어머니가 내게 나아오니 이 어찌된 일인가 [44] 보라 네 문안하는 소리가 내 귀에 들릴 때에 아이가 내 복중에서 기쁨으로 뛰놀았도다 [45] 주께서 하신 말씀이 반드시 이루어지리라고 믿은 그 여자에게 복이 있도다 [46] 마리아가 이르되 내 영혼이 주를 찬양하며 [47] 내 마음이 하나님 내 구주를 기뻐하였음은 [48] 그의 여종의 비천함을 돌보셨음이라 보라 이제 후로는 만세에 나를 복이 있다 일컬으리로다 [49] 능하신 이가 큰 일을 내게 행하셨으니 그 이름이 거룩하시며 [54] 그 종 이스라엘을 도우사 긍휼히 여기시고 기억하시되 [55] 우리 조상에게 말씀하신 것과 같이 아브라함과 그 자손에게 영원히 하시리로다 하니라.

지금까지 크리스마스가 어떤 의미인지 살펴보았다. 우리는 하나님에게서 영적 빛과 깨우침이 왔다는 것, 우리가 은혜로 하나님과 화목하게 되어 화평을 누린다는 것, 그리고 하나님이 인간의 속성을 입으셨다는 진실을 마주했다.

하나님이 크리스마스에 우리에게 주신 위대한 선물을 논했으니, 이제 그분이 주신 선물에 우리가 어떻게 반응할지를 생각할 차례다. 어떻게 그것을 받을 수 있는가?

아울러 지금부터는 마태의 본문에 나오는 요셉의 역할에서 예수님의 어머니에게로 넘어가 마리아를 살펴볼 것이다. 왜 누가는 마리아가 성육신에 어떻게 반응했는지를 이토록 장황하게 들려주는가? 나는 그 이유의 상당 부분이 그녀를 믿음으로 반응하는 그리스도인의 본보기로 들기 위해서라고 생각한다. 우리가 마리아에게 배울 점은 무엇인가?

해답을 구하는 의심인가

천사가 나타나 마리아에게 하나님의 메시지를 전했다. 사람들은 이런 말을 자주 한다. "나는 회의론자라서 질문을 많이 한다. 그런데 종교적인 사람들은 묻지 않고 그냥 믿는다."

하지만 누구도 마리아를 '맹신' 따위의 명목으로 비난할 수 없다. 그녀는 "천사가 나한테 말을 걸다니 정말 대단하다!"고 말하지 않았다. 아니, 본문에 보면 "처녀가 그 말을 듣고 놀라 이런 인사가 어찌함인가 **생각하매**"(눅 1:29)라고 했다. 여기 "생각하매"라는 말은 그리 좋은 번역이 못된다. 헬라어 원어에서는 '감사(監査)를 실시하다'는 뜻의 회계 용어다. 매우 이성적으로 계산하고 저울질하고 숙고한다는 뜻이다.

물론 그녀는 놀라기도 했다. 천사가 눈앞에 나타나면 누구라도 그럴 것이다. 마리아는 의문이 들었다. '내 눈앞에 보이는 게 정말 천사인가? 환각은 아닐까? 이게 무슨 일이지?' 그래서 메시지를 즉각 받아들인 게 아니라 "어찌 이 일이 있으리이까"(눅 1:34)라고 되물었다. 그녀에게서 보듯이 믿음의 반응은 지성까지도 포함하는 전인적 경험이다.

현대인들은 오래된 문서를 읽을 때 교만한 태도를 취하는 경향이 있다. 마치 옛날 사람들은 다 지금 우리보다 지능 지수가 낮았다는 듯이 말이다. 우리는 그 당시 사람들이 미신에 빠진 데다 귀가 얇아 무조건 아무 말이나 덥석덥석 믿었다고 단정한다. 하지만 2천 년 전이라 해서 사람들의 지능이 조금이라도 모자랐던 것은 아니다.

천사가 나타나 말을 건다면 당신도 마리아와 똑같이 반응할 것이다. 당신과 나는 초자연적 세계를 믿지 않도록 문화적으로 교육받았다. 앞서 보았듯이 유대인인 마리아도 행여 하나님이 인간이 되실 수 있다는 개념을 믿지 않도록 문화적으로 교육받았다.

따라서 천사가 전한 메시지를 믿지 못하게 그녀를 막아 선 장벽은 종류만 달랐을 뿐 당신 앞의 장벽과 똑같이 높았다. 그런데도 증거와 체험이 합해져 그 장벽을 허물었고, 마리아는 결국 믿었다. 믿음의 원리는 지금도 똑같다. 그녀는 회의와 의문을 품었고 이성을 움직여 질문했다. 오늘날 우리도 믿으려면 똑같이 해야 한다.

누가복음 1장을 읽는 사람들이 이 주제에서 얻는 통찰이 또 있다. 그 장 앞부분에 보면 천사가 세례 요한의 아버지 사가랴를 찾아가 비록 그들 부부가 늙었으나 아들을 낳을 거라고 말했다. 그런데 사가랴는 의심이 많았다. 그래서 천사는 아들 요한이 태어날 때까지 사가랴가 말 못하는 자가 될 거라고 했다. 하지만 마리아가 의심을 표했을 때는 하나님이 싫어하셨다는 낌새가 없다. 무엇이 달랐던 것일까?

보다시피 회의를 대하는 성경의 관점에는 놀랍도록 미묘한 차이가 있다. 많은 진영에서 회의론과 의심을 절대적이고 순수한 선으로 간주한다. 반면에 많은 보수적이고 전통적인 종교 진영에서는 의문과 회의라면 무조건 다 악하게 여긴다. 교회에서 고등부 학생이 성경에 의문을 제기하면 고등부 전도사가 이렇게 퍼부을 수 있다. "의심하지 말고 그냥 믿으라니까!"

성경의 관점은 둘 중 어느 쪽도 아니다. 어떤 회의는 닫힌 마음을 표출이지만 어떤 회의는 열린 마음을 나타내는 징후다. 어떤 의심은 해답을 구하지만 어떤 의심은 해답의 가능성을 차단한다. 마리아 같은 사람들은 진리에 마음이 열려 있어, 진리가 내 생각과 다르다는 증거만 있으면 자신의 삶에 대한 권리를 기꺼이 내려놓는다. 그러나 사가랴 같은 사람들은 회의를 빙자하여 자신의 삶을 통제하는 권한을 고수하고 계속 마음을 닫아 둔다. 당신의 회의는 어느 쪽인가?

믿을 수 있는 능력을 주시는 분

마리아의 믿음은 단계적으로 이루어졌다. 기독교 신앙은 삶 전반에 걸쳐 헌신하라고 요구한다. 하지만 헌신되지 않은 상태에서 완전히 헌신된 상태로 일거에 옮겨 가는 사람은 거의 없다. 그 과정은 어떤 것일까? 사람마다 크게 다를 수 있다.

그리스도인의 체험을 획일화하는 것은 위험하다. 《천로역정》(The Pilgrim's Progress)의 저자 존 번연(John Bunyan)은 거의 일 년 반을 몹시 괴롭고 우울한 상태에서 보낸 후에야 돌파구가 열려 하나님의 은혜와 사랑을 받아들였다. 반면에 빌립보의 간수는 복음을 처음 듣자마자 섬광처럼 깨닫고 하나님을 온전히 영접했으며 즉시 세례까지 받았다 (행 16:22-40 참조). 번연을 가리켜 보이며, 참된 그리스도인은 오랜 씨름과 몸부림과 고뇌를 통해서만 그리스도께로 올 수 있다고 주장한다면 잘못이다. 빌립보 간수의 경우처럼 극적이고 급작스러운 회심을 가리켜 보이며 "당신은 당신이 그리스도인이 된 날짜와 시각을 정확히 아는가?"라고 묻는 것도 똑같이 잘못이다.

마리아가 존 번연 같지도 않고 간수 같지도 않게 그 중간인 것이 얼마나 다행인지 모르겠다. 그래서 그녀는 회심과 수용의 속도가 사람마다 다름을 보여 준다. 회심이 언제 어떻게 이루어져야 하는지를 규격화해서는 안 된다. 그럼에도 마리아의 과정을 보면 우리의 여정에 도움이 될 내용을 많이 배울 수 있다.

그녀의 첫 번째 반응은 유연한 의심이었다. 복음의 메시지를 처음 들었을 때 그녀는 "어찌 이 일이 있으리이까"(눅 1:34)라고 답했다. '전혀 말이 안 되는 불가능한 일이옵니다'를 정중하게 표현한 것이다. 당신도 기독교의 메시지를 듣고 한 번쯤 의아하게 느낀 적이 없다면, 어쩌면 복음을 제대로 이해한 게 아닐지도 모른다.

물론 어려서부터 기독교 신앙으로 양육된 사람과 그런 배경이 전혀 없는 사람은 다르다. 기독교가 당신에게 생소했던 적이 없을 수도 있다. 그래도 문득 복음이 어이없고 불가능하고 믿기 힘들어 보인 적이 없다면, 내 생각에 당신은 복음을 바로 깨달은 게 아니다. 마리아는 복음이 선뜻 믿기지 않았다. 그럼에도 그녀의 반응은 유연했다. 대화를 끝낸 게 아니라 정보를 더 구했다.

그녀의 두 번째 단계는 단순한 수용이었다. 마리아는 "주의 여종이오니 말씀대로 내게 이루어지이다"라고 아뢰었다. "이제 아주 분명히 알았습니다"라거나 "이렇게 좋은 계획에 저를 끼워 주시니 감격스럽습니다"라고 말한 게 아니라 "아직 다는 모르겠으나 제 힘껏 따르겠습니다"라고 말했다. 이는 매우 중요한 경유지일 수 있다. 적어도 당분간은 그렇다.

어떤 사람들은 모든 게 이성적으로, 정서적으로, 인격적으로 확실해지기 전까지는 전혀 예수님 쪽으로 움직이지 않는다. 하나님을 열광적으로 기뻐하거나 아무것도 하지 않거나 둘 중 하나만 있다. 그러나 우리도 마리아만큼밖에 할 수 없을 때가 있다. 분명하게 보이지 않아 두렵고 의구심이 들어도 그냥 순복하고 신뢰하는 것이다. 그러면 전진할 발판이 생긴다.

몇 년 전, 교회에 꾸준히 나오는 한 여자 성도와 대화를 나누었다. 그녀는 기독교 가정에서 자라지도 않았고 이전에 교회에 나가 본 적도 없었다. 신앙이 어느 단계에 있느냐고 물었더니 그녀는 이렇게 답했다. "전에는 기독교가 터무니없어 보였는데 이제 아닙니다. 사실 알고 보니 다른 대안들이 더 믿어지지 않더군요. 그러니까 기독교를 받아들이지 못할 이유가 없는 거죠. 하지만 아직 느껴지지는 않아요. 이게 무슨 의미일지 두렵기도 하고요. 어쨌든 스스로 원해서 나오고 있습니다. 어떻게 받아들이는 건지를 모르겠네요."

마리아도 그런 식으로 전진했다. 결국 마리아는 마음으로부터 믿음을 구사하는 단계에 도달했다. 이런 종합적 믿음은 그녀가 세례 요한을 잉태한 사촌 엘리사벳을 방문한 후에야 이루어졌다. 엘리사벳은 마리아의 복중에 메시아가 계심을 성령의 능력으로 알아차렸다(눅 1:41-45 참조). 엘리사벳의 지식과 통찰은 천사의 말을 확증해 주었고, 이로써 마리아의 믿음은 더욱 확신으로 깊어졌다. 이제 그녀에게서 찬송이 터져 나와 본인의 고백대로 온 심령을 에워쌌다. "내 영혼이 주를 찬양하며 내 마음이 …… 기뻐하였음은"(눅 1:46-47).

그녀는 또 자신에게 벌어지는 모든 일을 예로부터 성경에 주어진 약속들과 연결시켰다(눅 1:50-55 참조). 이제 마리아는 의지로만 순복한 게 아니라 마음까지 기쁘게 드렸다. 결국 믿음은 언제나 지적인 동의와 본분을 뛰어넘어 자아 전체인 지정의(知情意)를 아우른다.

믿음을 가지는 데 왜 이렇게 시간이 걸리며, 믿는 과정이 제각기 다를까? 참된 믿음은 우리 스스로 결심해서 구사하는 게 아니기 때문이다. 이 과정은 당신의 통제 소관이 아니다. 앞 장에서 보았듯이 우리는 내 인생의 주관자가 내가 아니라는 개념에 깊은 반감을 느낀다. 하지만 우리 스스로는 예수님을 믿을 능력이 없다. 지난 세월 나는 순전히 믿음을 만들어 내기로 결단한 뒤 그 계획을 실행함으로써 믿음에 이른 사람을 한 명도 보지 못했다. 아니, 하나님이 우리 마음을 여시고 편견과 부정(否定)을 깨뜨려 주셔야만 한다.

그러므로 진정한 기독교 신앙의 한 표지는 외부의 어

떤 능력이 당신을 지목하고 다가와 직접 당신을 다루어 주셨다는 인식이다. 그 능력 덕분에 당신은 믿어지지 않는 사실을 보고, 그것이 진리임을 깨닫고, 능히 기뻐하며 자신을 드린다. 처음에 당신을 지으신 분이 당신을 다시 지으신다(딛 3:4-7 참조). 마리아에게 해 주신 것처럼 그분이 오셔서 자신을 계시해 주지 않는 한 우리는 결코 그분을 찾을 수 없다.

기적이지요,
제가 그리스도인이라니!

앞서 말했듯이 마리아는 "내 영혼이 주를 찬양하며 내 마음이 하나님 내 구주를 기뻐하였음"(눅 1:46-47)이라고 노래했다. 성경에서 영혼과 마음은 서로 다른 게 아니다. 마리아의 말은 '나의 영혼 부분은 이것을 하고 마음 부분은 저것을 한다'는 뜻이 아니다. 셈족어에서 반복은 뭔가를 강조하는 전형적 수사법인데, 마리아가 반복법을 쓴 것은 그만큼 존재의 심연까지 감격에 겨웠다는 뜻이다.

그녀는 '이로써 내 삶이 더 가치 있어진 것 같다'든지 '내 인생의 목표를 이루려면 바로 이게 필요하다'고 말한 게 아니다. 여기에 계산은 전혀 없다. 그녀는 손익을 따져 행동을 결정한 게 아니다. 사고는 확신에 차 있고, 감정은 매료되어 있으며, 즐거이 의지를 드렸다. 마리아는 온전히 사로잡혔다.

그러나 이 일이 자신에게 일어났다는 사실을 경이로 워하는 감정도 함께 존재했다. 이 노래를 통해 역사의 뒤안길을 쭉 돌아보면서 그녀는 아브라함에게 주신 오랜 약속, 지난날 하나님이 그 백성을 구해 주신 모든 일, 그분의 모든 능하신 행적을 떠올린다. 그러다가 다음 사실을 깨닫는다. "그의 여종의 비천함을 돌보셨음이라 …… 능하신 이가 큰 일을 **내게** 행하셨으니"(눅 1:48-49).

하나님은 오랜 세월 이날을 준비해 오셨고, 드디어 이 평범하고 가난한 십 대의 미혼 소녀를 통해 세상을 구원하려 하신다. "내게"라는 말에서 하나님이 자신을 복 주시고 높여 주신 데 대한 그녀의 기쁨과 경이가 묻어난다.

마리아의 상황이 특수하긴 하지만 단언컨대 우리도 모두 자신이 그리스도인이라는 사실에 놀라고 감사해야 한다. 위대하신 하나님이 우리 안에 역사하고 계시니 말이다. 찬송가 〈오 베들레헴 작은 골〉(O little Town of Bethlehem)에 이런 소절이 나온다. "오 베들레헴 예수님 내 맘에 오셔서 내 죄를 모두 사하고 '오늘 우리 안에 태어나소서'(우리말 새 찬송가 120장에는 "늘 함께하소서"로 번역되어 있다-옮긴이 주).

대담한 은유이지만 지극히 옳은 말이다. 모든 그리스도인은 마리아와 같다. 그리스도를 믿는 사람은 누구나 성령으로 말미암아 "너희 **안에 계신** 그리스도 …… 곧 영광의 소망"(골 1:27)을 받는다. 흠 많고 미천한 우리에게 하나님이 이런 엄청난 선물을 주셨으니 우리도 똑같이 충격에 휩싸여야 한다. '하고많은 사람 중에 하필 나를 그분이 은혜로 사랑하시고 받아 주셨다'는 경이감을 모든 그리스도인이 결코 잃어서는 안 된다.

이런 경이감을 죽 가슴에 안고 사는 것이야말로 복음의 정수를 깨달은 사람의 표지라고까지 말하고 싶다. 기독교란 무엇인가? 당신이 생각하는 기독교가 그저 교회에 다니고 특정한 신조를 믿고 특정한 방식으로 살아가는 것이라면, 당신이 신자라는 사실에 놀라고 감격하는 일은 없을 것이다. 누가 당신에게 그리스도인이냐고 물으면 당신은 이렇게 답할 것이다. "물론이지요! 힘든 길이지만 가고 있습니다. 근데 그건 왜 물으십니까?"

그런 관점에서라면 기독교란 당신이 행하는 일이다. 하지만 기독교가 '하나님이 당신을 위해, 당신에게, 당신 안에 행하신 일'이라면 놀람과 경이감이 늘 떠나지 않는다. 존 뉴턴(John Newton)은 이런 찬송가 가사를 지었다.

경이에 젖어 다 사랑하고
구주의 이름을 찬송하세.
율법의 뇌성을 잠재우고
시내산의 불꽃을 끄신 주.
그 피로 우리를 씻으시고
하나님 곁으로 이끄셨네.[1]

사랑과 경이로움이 어디서 오는지 보라. 바로 그분이 이 모든 일을 행하셨고 우리를 자신께로 이끄셨기 때문이다. 그분이 다 이루셨다. 그러므로 누가 당신에게 그리스도인이냐고 물으면 "물론이지요!"라고 답해서는 안 된다. 여기에 물론이란 있을 수 없다. 이런 대답이 더 걸맞다. "예, 그렇습니다. 기적이지요. 제가 그리스도인이라니요! 누가 생각이나 했겠습니까? 그런데 그분이 다 해 주셔서 저는 그분의 것이 되었습니다."

신앙은 흥정이 아니라 순복이다

누가복음 1장 38절에 나오는 마리아의 유명한 고백으로 다시 돌아가자. "주의 여종이오니 말씀대로 내게 이루어지이다."

이 순종의 고백에 우리가 배워야 할 게 많다. 우선 이것은 맹목적 순종이 아니라 신학에 근거한 순종이다. 그녀는 더 힘센 대상에게 그저 항복한 게 아니다. 이를 악물고 "하나님이 칼자루를 쥐고 계시니 저는 어쩔 수 없네요"라고 한 게 아니다.

"주의 여종이오니"라는 고백을 통해 그녀는 자신의 순종의 근거를 다음 사실에 두고 있다. 그분은 하나님 곧 우리를 창조하시고 지키시는 분이므로 우리의 섬김을 받으시기에 합당하시다는 사실이다. 우리는 하나님께 이래라 저래라 할 지식도 없고 힘도 없고 권리도 없다.

수십 년 전에 내가 어느 기독교 콘퍼런스 센터에서 들었던 강연이 있다. 우리 삶을 그리스도께 양도하고, 내 뜻이 아닌 그분의 뜻대로 살아야 한다는 내용이었다. 강사는 두 가지 질문을 던졌다. "좋든 싫든 성경에 명백히 명한 일이라면 당신은 무엇에든 순종할 의향이 있는가?" "둘째, 설사 이해가 가지 않더라도 하나님이 삶에 무슨 일을 허락하시든 그분을 신뢰하겠는가?"

이 두 질문에 긍정으로 답할 수 없는 사람은 예수님을 두루뭉술하게 믿을지는 몰라도 그분께 "저는 주의 종이오니"라고 고백한 적은 없다고 강사는 말했다. 당시에는 그런 질문이 내게 충격으로 다가왔지만, 지금도 나는 그리스도인의 마땅한 본분이 그 속에 정확히 표현되어 있다고 믿는다.

그 콘퍼런스에서 열린 또 다른 강연 덕분에 나도 '신학에 근거하여' 하나님을 섬길 수 있게 되었다. 그 강사는 이렇게 말했다. "지구에서 태양까지의 거리 1억5천만 킬로미터가 종이 한 장의 두께라면 지구에서 가장 가까운 별까지는 종이를 21미터쯤 쌓아 놓은 거리이고, 은하수의 지름은 종이를 480킬로미터쯤 쌓아 놓은 거리입니다. 우주에 은하계가 헤아릴 수 없이 많다는 사실을 잊지 마십시오. 눈에 보이지 않는 공중의 먼지나 바닷가 모래알보다 더 많을 것입니다. 그런데 예수 그리스도께서 능력의 말씀만으로 이 모두를 붙들고 계시다면(히 1:3 참조) 그분이 정녕 당신 삶의 조수로나 삼아야 할 분입니까?"

이 단순한 논리 때문에 마리아의 순종을 본받지 않으려 저항하던 나는 무너져 버렸다. 맞다, 그분이 정말 그런 분이시라면 어찌 내가 그분을 절대 주권자가 아니라 자문위원 정도로 대할 수 있겠는가?

마리아는 자신의 뜻을 하나님께 맡겼다. 그녀가 해야 했던 모든 일을 잠시 생각해 보라. 틀림없이 그녀도 생각해 보았을 것이다. 3장에서 요셉에게 주어진 천사의 메시지를 살펴볼 때 언급했던 몇 가지 문화적 사실을 떠올려 보라. 마리아는 곧 아기를 낳을 텐데, 설령 요셉이 곁에 남는다 해도 사람들은 속으로 계산할 것이다. '그때 결혼해서 이때 아기를 낳았으니…… 어, 안 맞는데?'

작은 마을의 전통적 가부장 사회에서 자신이 평생 사생아를 낳은 여자로 손가락질당하리라는 것을 그녀는 알았다. 온 동네가 그녀를 혼전에 요셉과 성관계를 했든지 아니면 약혼자에게 정조를 어겼든지 둘 중 하나로 볼 것이다. 그녀는 예수님이 사생아로 비쳐지리라는 것도 알았다. 그런데도 "주의 여종이오니"라고 고백했다. 알면서도 그 길로 들어선 것이다. '수치를 당하거나 그보다 더한 삶이 될 수도 있다. 그래도 무슨 일이 닥치든 감수하리라.'

마리아는 아브라함에게 주신 하나님의 약속을 자신에게 주신 약속과 연결시키는데(눅 1:55 참조), 이는 합당한 비교다. 아브라함이 하나님께 받은 약속에 충실히 따르느라 어떤 대가를 치렀는지 생각해 보라. 하나님은 그에게 '내가 너를 통해(네 몸과 가정을 통해) 세상을 구원하려 한다'고 말씀하셨다.

아브라함이 "그러면 전 어찌합니까"라고 하자 그분은 답하셨다. "떠나라! 네 조국과 친족과 친구를 떠나라. 네가 아는 모든 것, 네 모든 안전을 등지고 광야로 나가라."

"어디로 가기를 원하십니까?"

"차차 일러 주겠다."

히브리서 11장 8절은 당시 아브라함이 '갈 바를 알지 못하고 나아갔다'고 진술한다.

마리아도 그와 똑같았다. 여느 십 대 소녀처럼 그녀에게도 장차 다가올 자기 삶에 꿈이 있었다. 아마 이런 생각을 했을 것이다. '요셉과 결혼해서 이런 가정을 이루어야지. 자녀는 몇을 낳고 또……' 그런데 하나님의 부르심 때문에 이 모두가 불투명해졌다. 이제 그녀 앞에 어떤 삶이 닥쳐올지 누가 알겠는가? 하지만 그것은 중요하지 않았다. "주의 여종이오니"라는 고백으로 마리아도 갈 바를 알지 못하고 나아갔다.

누구든지 그리스도인이 되려면 기본적으로 마리아처럼, 그리고 더 오래전 아브라함이 그랬던 것처럼 해야 한다. 그리스도인이 된다는 것은 헬스클럽 등록도 아니고 당신의 성공과 잠재력 실현을 돕는 웰빙 프로그램도 아니다. 기독교는 영적 서비스를 공급하는 또 하나의 자판기가 아니며, 당신은 무난한 비용으로 그런 서비스를 이용하여 필요를 채우는 게 아니다.

기독교 신앙은 흥정이 아니라 순복이다. 당신이 자신의 삶에서 손을 떼야 한다는 뜻이다. 존 웨슬리(John Wesley)의 "언약 기도"에 그것이 잘 표현되어 있다.

이제 저는 제 것이 아니라 주님의 것입니다.

주님 뜻이라면 무엇이든 하고 누구 곁에든 가겠습니다.

일을 맡겨 주시고 고난도 허락하소서.

쓰임을 받든 묵혀지든 다 주님을 위해서입니다.

높아지든 낮아지든 주님을 위해서입니다.

충만하게 하시고 비어 있게 하소서.

모든 게 있게 하시고 아무것도 없게 하소서.

즐거이 자원하여 모든 것을 드리오니 마음대로 처분하소서.

오, 복되신 영광의 하나님, 성부와 성자와 성령이시여,

주님은 저의 것이고 저는 주님의 것입니다.

그렇게 되어지이다.

제가 땅에서 맺은 이 언약을

하늘에서 비준하여 주소서.

아멘.[2]

순복의 시험, 우리도 통과할 수 있다

즐거이 자원하여 순복하라는 신학에 근거한 부르심

이야말로 현대 서구 세계 문화에 가장 철저히 반하는 소명이다. 서구 세계는 다른 무엇보다도 개인의 자율을 중시하기 때문이다. 그래서 독자들은 이 대목에서 엄두가 나지 않을 수 있다. 어쩌면 우리는 마리아 같은 과거의 위대한 신앙 영웅들에게는 그럴 만한 영적 자원이 있었지만 우리에게는 없다고 말할지도 모른다.

하지만 그 말을 믿어서는 안 된다. 사실 그녀보다 우리는 더 좋은 자원을 받았다. 우리가 그녀의 길을 따를 수 있는 데는 부차적 이유와 궁극적 이유가 있다.

부차적 이유란 다음과 같은 인식이다. 우리가 하나님께 헌신하면 그분도 반드시 우리에게 헌신하신다. 예수님은 제자들에게 "너희 중에 아버지 된 자로서 누가 아들이 생선을 달라 하는데 생선 대신에 뱀을 …… 주겠느냐"(눅 11:11-12)라고 물으신 적이 있다. 이어지는 그분의 논리에 따르면 하나님은 이 땅의 아버지들보다 무한히 더 너그러우시므로 모든 구하는 자에게 "성령"을 주신다(눅 11:13).

성경에 그리스도인의 순탄한 삶이 보장되어 있다는 뜻은 아니다. 천만의 말이다. 그러나 기독교 신자들은 실망과 역경을 통해 오히려 하나님의 품 안에 더 푹 안길 수 있다. 점점 더 그분을 자신의 의미와 만족과 정체와 소망으로 삼는 것이다. 그러면 세월이 갈수록 자신이 훨씬 더 탄탄하고 복원력 있고 행복하고 지혜로워져 감을 깨닫는다. 바울은 이렇게 썼다.

> 그러므로 우리가 낙심하지 아니하노니 우리의 겉사람은 낡아지나 우리의 속사람은 날로 새로워지도다 우리가 잠시 받는 환난의 경한 것이 지극히 크고 영원한 영광의 중한 것을 우리에게 이루게 함이니 우리가 주목하는 것은 보이는 것이 아니요 보이지 않는 것이니 보이는 것은 잠깐이요 보이지 않는 것은 영원함이라(고후 4:16-18).

신기하게도 환난과 고난은 우리를 금처럼 제련하여 우리 내면과 영혼을 아름답고 위대하게 만든다.

마리아를 보라. 사회 계층상 밑바닥에 가까웠던 겨우 열다섯 살의 이 소녀는 자신이 하나님께 순복하면 그보다도 더 낮아지리라는 것을 알았다. 그런데도 기꺼이 순복했고, 아들이 고문당하고 요절하는 모습을 지켜보는 고뇌까지도 감수했다. "주의 여종이오니"라고 고백할 때 그녀가 받아들였을 모든 어둠을 생각해 보라. 그런데 보라! 오늘날 세상 사람 대부분이 그녀가 누구인지 안다.

스스로 낮아져 종이 되었기에 그녀는 역사의 위대한 인물이 되었다. 이는 다음 두 말씀을 생생히 보여 준다. "누구든지 자기를 높이는 자는 낮아지고 누구든지 자기를 낮추는 자는 높아지리라"(마 23:12). "누구든지 제 목숨을 구원하고자 하면 잃을 것이요 누구든지 나를 위하여 제 목숨을 잃으면 찾으리라"(마 16:25).

마리아는 "저는 배우지 못한 가난한 소녀일 뿐이며, 이 아이가 제 삶에 들어오면 저는 사회적으로 매장당할 것입니다. 어찌 그것이 세상을 구원하는 길입니까"라고 되물었다. 그러자 천사는 정확히 "대저 하나님의 모든 말씀은 능하지 못하심이 없느니라"(눅 1:37)라고 대답했다. "하나님의 말씀은 결코 실패하는 법이 없다"라고 옮긴 역본도 있다. 천사의 말이 얼마나 옳았는지는 역사에서 입증되었다.

그러므로 그분께 순복하라. 그분이 당신 안에 그리고 당신을 통해 이루실 수 있는 일을 과소평가하지 말라.

당신이 그분의 손에 자신을 드리기만 한다면 말이다. 바울이 고린도후서에 썼듯이 우리를 그분께 온전히 드리면 그분은 우리의 환난을 통해서도 큰 일을 이루신다. 다음은 한 그리스도인 작가가 들려주는 우화다.

옛날에 어떤 왕이 신민들과 인사를 나누려 마을길에 들어섰다. 길가에 앉아 있던 거지는 왕이라면 두둑이 베풀겠구나 싶어 열심히 깡통을 쳐들었다. 그런데 왕은 오히려 거지에게 뭔가를 달라고 청했다. 당황한 거지는 깡통 속에서 밥알을 세 개만 꺼내 왕이 내민 손바닥에 놓았다. 저녁 때 거지가 그날 적선 받은 것을 다 쏟아 보니 놀랍게도 깡통 밑바닥에서 순금 알갱이 세 개가 나왔다. '아, 이럴 줄 알았으면 왕에게 전부 드리는 건데!'[3]

예수님께 순종하면 "영원한 영광의 중한 것"이 우리에게 이루어진다. 그분께 우리를 드릴 수 있는 한 가지 이유는, 우리가 마리아보다 그 영광을 더 잘 볼 수 있기 때문이다. 그러나 이것이 그분께 순복하는 궁극적 이유일 수는 없다. 순복의 가장 큰 동기는 그분이 우리에게 해 주실 일이 아니라 그분을 향한 우리의 사랑이어야 한다. 그분이 이미 우리를 위해 다 이루셨기 때문이다.

"말씀대로 내게 이루어지이다"(눅 1:38)라는 마리아의 말은 훗날 그녀의 아들이 하실 이 말씀과 아주 비슷하다. "나의 원대로 마시옵고 아버지의 원대로 하옵소서"(마 26:39). 마리아가 순복한 때는 예수께서 자기를 위해 해 주실 일을 '알기 전'이었다. 그러나 이제 우리는 그녀도 예수님을 위해 희생했지만 예수님은 그녀를 위해 무한히 더 희생하셨음을 안다. 마리아는 자신이 세상에서 낮아질 것을 받아들였다. 그러나 하늘에서 땅까지 하나님의 아들은 얼마나 멀리 내려오셨는지 생각해 보라. 체면과 명예를 중시하던 당시 엄혹한 문화에서 그녀는 목숨까지 걸고 하나님의 뜻을 받아들였다. 그러나 예수님은 전부를 잃으실 줄 뻔히 아시면서도 하나님의 뜻을 받아들이셨다.

겟세마네 동산에서 그분은 "이 잔"을 원하지 않는다고 하셨다. 원치 않는 고난인데도 말하자면 "말씀대로 내게 이루어지이다"라고 아뢰신 것이다. 그 말씀을 하실 때 그분은 아버지께 순종하면 자신이 바닥이 어딘지도 모를 만큼 무한한 어둠 속에 떨어질 것을 아셨다. 일찍이 누구도 그 어둠을 맛본 적이 없다. 그분은 갈 바를 알지 못하고 나아가셨다. 하지만 그분의 순종에서 귀결된 이 무한하고 영원한 구속(redemption)을 보라. 우리 모두를 위해 영원한 영광의 중한 것이 이루어졌다.

우리에게 있는 더 좋은 자원이 이제 보이는가? 마리아와 달리 우리는 예수님의 전체 이야기를 생생한 기사로 읽을 수 있다. 위대한 종이 되셔서 우리를 위해 자신의 뜻과 모든 것을 버리신 그분을 볼 수 있다. 그래서 우리는 이렇게 고백할 수 있다. "주님, 주께서 제게 이렇게 해 주셨으니 저도 주님을 신뢰하고 이렇게 해 드릴 수 있습니다."

마리아는 우리 모두와 같은 인간이었지만 십자가를 알기도 전에 그 길을 갔다. 그렇다면 우리도 할 수 있다. 순복의 시험에서 평범한 십 대 소녀인 마리아에게 뒤지지 말자. 그녀가 우리에게 길을 보여 주지 않았는가!

6

복음을 바로 보는 만큼
두려움은 힘을 잃는다

누가복음 2장 8-20절

⁸ 그 지역에 목자들이 밤에 밖에서 자기 양 떼를 지키더니
⁹ 주의 사자가 곁에 서고 주의 영광이 그들을 두루 비추매
크게 무서워하는지라 ¹⁰ 천사가 이르되 무서워하지 말라
보라 내가 온 백성에게 미칠 큰 기쁨의 좋은 소식을
너희에게 전하노라 ¹¹ 오늘 다윗의 동네에 너희를 위하여
구주가 나셨으니 곧 그리스도 주시니라 ¹² 너희가 가서
강보에 싸여 구유에 뉘어 있는 아기를 보리니 이것이
너희에게 표적이니라 하더니 ¹³ 홀연히 수많은 천군이 그
천사들과 함께 하나님을 찬송하여 이르되 ¹⁴ 지극히 높은
곳에서는 하나님께 영광이요 땅에서는 하나님이 기뻐하신
사람들 중에 평화로다 하니라

¹⁵ 천사들이 떠나 하늘로 올라가니 목자가 서로 말하되 이제 베들레헴으로 가서 주께서 우리에게 알리신 바 이 이루어진 일을 보자 하고 ¹⁶ 빨리 가서 마리아와 요셉과 구유에 누인 아기를 찾아서 ¹⁷ 보고 천사가 자기들에게 이 아기에 대하여 말한 것을 전하니 ¹⁸ 듣는 자가 다 목자들이 그들에게 말한 것들을 놀랍게 여기되 ¹⁹ 마리아는 이 모든 말을 마음에 새기어 생각하니라 ²⁰ 목자들은 자기들에게 이르던 바와 같이 듣고 본 그 모든 것으로 인하여 하나님께 영광을 돌리고 찬송하며 돌아가니라.

해마다 수많은 아이들이 크리스마스 연극에서 목자 역을 맡는다. 그만큼 목자들을 보면 자연스레 그리스도의 탄생이 떠오른다. 하지만 그들이 하는 일은 무엇인가? 어떤 역할을 하는 것일까? 불행히도 목자의 의미는 고작 감상적인 것으로 변했다. 우리가 상상하는 그들은 아름다운 목가적 풍경과 털이 북슬북슬한 어린 양 떼를 연상시킬 뿐이다. 하지만 그리스도의 탄생과 관련된 많은 사건 중에서 누가가 하필 이것을 고른 이유는 그것 때문이 아니다. 그는 우리에게 뭔가를 가르쳐 주려 했다.

　　마리아처럼 목자들도 천사의 메시지를 받았다. 이에 대한 반응으로 그들은 잘 들었고, 두려움을 극복했고, 세상에 나가 그 기쁜 소식을 사람들에게 전했다. 그들이 한 일을 공부하면 우리도 크리스마스의 약속에 어떻게 반응해야 할지 배울 수 있다. 본문의 뒷부분에서부터 거꾸로 올라가면서 우리가 해야 할 네 가지 일을 생각해 보자.

저런 사람 말을 왜 믿어야 하지?

예수님에 대해 천사들에게 들은 목자들은 직접 가서 그분을 보았고, 천사가 말한 것을 전했다. 그들은 천사들에게 들은 내용을 사람들에게 알리면서 자신들이 목격한 간증도 덧붙였다(눅 2:15, 17 참조). 그 결과 사람들이 목자들의 말을 듣고 '놀랍게 여겼으나' 믿었다는 기록은 없다. 이렇게 보아 메시지에 더 강하게 영향을 입은 쪽은 목자들이었다. 그들은 '듣고 본 그 모든 것으로 인하여 하나님께 영광을 돌리고 찬송하며 돌아갔다'(20절).

이 본문에서 누가는 잘 듣는 일의 중요성을 말한다. "믿음은 들음에서 나며 들음은 그리스도의 말씀으로 말미암았느니라"(롬 10:17). 내 결혼생활에서 계속 문제가 되는 것이 있는데, 바로 내가 아내의 말을 제대로 듣지 않을 때가 많다는 것이다. 어떤 일에 관해 아내에게 물으면 "내가 말했잖아요. 못 들었어요?"라는 대꾸가 돌아오곤 한다. 대체로 가장 정확한 답은 '그렇기도 하고 아니기도 하다'는 것이다. 아내가 그런 말을 했던 것은 기억난다. 그런 의미에서 나는 들었다. 그러나 그 말을 새겨듣지는 않았다. 제대로 주의하지 않았고 속뜻을 헤아리지도 않았다.

본문에 영적으로 잘 듣는 법에 관한 몇 가지 지침이 나온다. 우리가 조심해야 할 일과 꼭 해야 할 일이 있다.

우리는 음성을 전달하는 메신저의 실력에 너무 한눈을 팔지 않도록 조심해야 한다. 보다시피 목자들이 다른 사람들보다 더 깊은 영향을 입은 듯 보이는데, 이는 목자들이 메시지를 천사들에게 들은 반면 나머지는 다 평범한 목자들에게 들었기 때문일 수 있다. 고대 사회에서 목자는 잘 배우지 못했고 사회적 지위와 권력도 없었다.

상상컨대 목자들이 들었던 천사들의 말은 줄잡아 말해도 감동적이고 황홀했을 것이다. 하지만 나머지 사람들은 복음을 말주변도 없고 전혀 대단할 것도 없는 인간들에게 들었다. 메시지가 부담스럽거나 잘 믿어지지 않으면 자칫 메신저를 빌미로 내용까지 일축하기 쉽다. "저런 사람의 말을 왜 믿어야 하지?"

우리도 아주 비슷한 입장에 처해 있다. 성경의 저자들은 때에 따라 정말 천사를 보았거나 하나님께 직접 계시를 받았거나 사도들의 경우 예수 그리스도와 개인적으로 아는 사이였다. 그들은 환상과 계시를 받았는데 우리에게 있는 것은 책 한 권뿐이다. 그 책을 소통해 주는 설교자, 교사, 메신저도 다 어디까지나 인간일 뿐이다. 이는 우리 사회에 심각한 문제가 아닐 수 없다. 문화 전체가 주의력 결핍 장애에 걸린 듯 보이기 때문이다. 하나님의 말씀이 보잘것없는 통로로 오다 보니 제대로 듣지 않기가 훨씬 쉽다. 성경은 분량도 많고 결코 읽기도 쉽지 않다. 설교자들과 교사들은 흠이 많기로 유명하다. 그중 한 명이 실족할 때마다 성경까지 싸잡아서, 심지어 기독교를 송두리째 버려야 마땅하다는 듯 몰아세운다.

그러나 이때도 우리의 본능은 믿을 게 못 된다. 아무리 하찮은 존재로 보여도, 참된 메시지를 전달하는 메신저로 쓰임받을 수 있다. 발람의 나귀는 말 그대로 짐승이었다. 그런데 성경에서 가장 희한하고 흥미로운 기사 중 하나에서 하나님은 나귀를 통해 발람에게 말씀하셨다(민 22:21-39 참조). 매체가 곧 메시지는 아니라는 교훈이다.

메신저가 신통치 않다는 이유만으로 불편한 진리를 묵살해서는 안 된다. 사람들에게 자주 듣는 말이 있다. 무슨 무슨 교회에 갔는데 설교자가 너무 단조롭게 질질 끄는 통에 지루했다는 것이다. 그때 대개 나는 이렇게 되받는다. "그렇다 해도 내용 자체가 틀렸던가요? 지루하게 전달되었을망정 하나님의 진리가 담겨 있지 않았습니까?"

우리의 편견을 조심해야 한다. 제대로 듣지 않고 흘려듣는 태도는 부부 관계에도 해롭지만 하나님과의 관계에는 절대적으로 해롭다. 성경은 아주 무시당하기 쉬운 형태로 존재한다. 성경을 가르치고 설교하는 사람들이 재미없을 때도 많다. 하지만 그렇다고 귀를 막아서는 안 된다. 성경에는 한없이 귀한 보화가 들어 있다. 땅속 깊은 곳의 모든 금은보다도 귀하다(시 19:10; 119:72 참조). 메신저의 결점 때문에 그 보화를 놓치지 않도록 조심하라. 그래서 이번에는 우리가 꼭 해야 할 일을 생각해 볼 차례인데, 누가복음 본문에서 그것을 적극적으로 권장한다.

역시 마리아가 우리의 본보기다. 그녀가 하나님의 말씀을 들은 방식을 두 단어로 묘사했다. 우선 누가복음 2장 19절에 보면 그녀는 목자들에게 들은 말을 "생각"했다. 학자들에 따르면 이 헬라어 단어는 '문맥 속에 둔다, 연관 짓는다, 숙고한다'는 뜻이다. 성경의 한 구절을 보고 이렇게 묻는 것이다. '이 단어는 무슨 뜻일까? 내가 아는 다른 진리들과 어떻게 맞물릴까? 나머지 성경에는 어떻게

맞아들까?'

시편 119편 130절에 "주의 말씀을 열면[펼치면] 빛이 비치어"라고 했다. '펼친다'(unfolding, NIV)는 은유는 그때보다 지금이 더 시사하는 바가 많을 것이다. 재킷과 파카 등 요즘 나오는 많은 제품은 작게 뭉쳐지거나 작은 주머니에 들어 있는데, 펼치면 원래 포장돼 있을 때 크기보다 몇 배나 큰 옷이 된다. 규모가 무한대라는 것만 다를 뿐 성경도 마찬가지다. 단순해 보이는 말도 깊이 묵상하면 다차원의 의미와 끝없는 개인적 적용을 캐낼 수 있다. 대충 훑어볼 때와는 가히 비교할 수 없다.

앞서 언급했던 기독교 콘퍼런스가 내게 두고두고 깊은 영향을 미쳤는데, 그중 성경 읽는 법을 배우는 시간도 있었다. 강사 바버라 보이드(Barbara Boyd)는 우리에게 이렇게 말했다. "30분 동안 앉아서 마가복음 1장 17절에서 배울 점을 30가지 이상 적어 보십시오."

그 구절은 이렇다. "예수께서 이르시되 나를 따라오라 내가 너희로 사람을 낚는 어부가 되게 하리라 하시니."

그녀의 지시는 이렇게 이어졌다. "10분 만에 네댓 가지를 쓰고서 다 찾았다고 생각하시면 안 됩니다. 30분을 다 들여서 30가지를 관찰해 보세요."

그래서 우리는 말없이 앉아 그대로 했다. 과연 10분쯤 지나자 이 여남은 단어에서 볼 것은 다 봤다는 확신이 들었다. 남은 시간에 공상이나 즐기려고 펜을 놓았으나 남들이 다 계속하는 것 같아서 나도 다시 펜을 들고 더 생각했다.

그러자 새로운 부분이 보이기 시작했다. 이 단어가 없다면 전체의 의미가 어떻게 달라질까 상상해 보니 각 단어가 문장에 부여하는 독특한 의미가 더 쉽게 파악되었다. 덕분에 각 단어를 중심으로 두세 가지 통찰을 더 얻을 수 있었다. 다음에는 구절 전체를 나 자신의 말로 풀어써 보았다. 그러자 여태 놓쳤던 다른 차원의 의미와 암시가 더 보였다.

30분이 지나자 강사는 우리에게 각자 본문에서 찾아 쓴 최고의 통찰 내지 삶을 가장 변화시켜 줄 내용에 동그라미를 치게 했다. 그러고는 이렇게 물었다. "좋습니다. 삶에 변화를 가져다줄 가장 놀라운 그 교훈을 처음 5분 안에 찾아내신 분이 몇이나 됩니까?" 아무도 손을 들지 않았다.

"10분 안에는 어떤가요?" 역시 아무도 없었다.

"15분은요?" 몇 사람이 손을 들었다.

"20분은요?" 손이 몇 개 더 올라갔다.

"25분은요?" 좀 더 많아졌다.

그 시간에 성경은 물론 삶을 대하는 나의 태도가 달라졌다.

> 주의 말씀 광산과 같아
> 진귀한 보화 풍성하니
> 깊이 숨은 저 보화
> 모두 나와 찾으라.[1]

그런데 누가복음 2장 19절에 보면 마리아는 들은 내용을 생각했을 뿐 아니라 '마음에 새기었다'. 이는 정서나 마음과 더 관계가 깊은 표현으로 뭔가를 생생히 간직하거나 음미한다는 뜻이다. 마리아는 하나님의 말씀을 머리로만 이해하려 한 게 아니라 내면 깊이 받아들여 즐기고 누렸다. 마음에 새기는 일은 기술이라기보다 태도다.

성경 다른 곳에는 그것을 "주의 말씀을 내 마음에 두었나이다"(시 119:11)라고 표현했다. 메시지를 마음으로 받는다는 말은 해석에서 그치지 않고 깊이 영향을 입는다는 뜻이다. 어떤 의미에서 자신에게 설교하여, 지금 새기고 있는 특정한 진리의 소중함과 가치와 경이로움과 능력을 상기한다는 뜻이다. 자신에게 이렇게 묻는 것이다. '마음 깊은 데서부터 정말 이렇게 믿는다면 내 삶은 어떻게 달라질까? 내 사고와 감정과 행동은 어떻게 달라질까? 대인관계는 어떻게 달라질까? 기도 생활은 그리고 하나님을 향한 감정과 태도는 어떻게 달라질까?'

하나님의 말씀을 생각하고 마음에 새기는 일, 이 두 가지를 다 하지 않으면 메시지를 참으로 들을 수 없다. 한 귀로 흘려들을 뿐 머리와 마음으로는 듣지 못한다. 메시지가 속으로 배어들지 않으니 당신에게 위로나 확신이나 변화를 가져다줄 리도 없다.

하나님과의 화목이 먼저다

우리가 살펴보는 누가복음 2장 본문 중간쯤에 크리스마스와 관련된 유명한 구절 하나가 나온다. 옛날 킹제임스 역본(KJV)에는 "땅에서는 사람들에게 평화와 기뻐하심이로다"(14절)로 옮겨져 있으나 여러 현대 역본에는 "땅에서는 하나님이 기뻐하신 사람들 중에 평화로다"와 같이 되어 있다. 후자가 전자보다 더 정확한 번역이라는 데 절대다수의 학자들이 의견을 같이한다.

그렇다면 양쪽의 차이는 무엇인가? 킹제임스 역본에 따르면 크리스마스란 그리스도를 통해 세상 만인이 평화를 누린다는 뜻으로 보이지만, 다른 현대 역본들은 하나님이 기뻐하신 특별한 사람들만이 그분을 통해 평화를 얻는다는 말 같다. 둘 중 어느 해석도 완전히 정확하지는 못하다.

이 유명한 발표를 가장 잘 이해하려면 성경에서 "평화"를 대체로 어떤 의미로 사용하는지 기억해야 한다. "평화"란 우환이 없고 평온한 만사형통하는 삶이 아니라 적의가 사라지고 전쟁이 끝나는 것을 뜻한다.

4장에 보았듯이 성경이 말하는 가장 중요하고 근본적인 평화는 하나님과의 화목이다. 인간의 마음은 본능적으로 스스로 왕이 되려 하며, 그래서 우리를 향한 하나님의 주권에 적의를 품는다. 하나님의 권위에 맞서는 우리의 본능적 적의를 보지 않는 한, 인간이 하는 모든 행동의 깊고 큰 원천 가운데 하나를 이해할 수 없다.

우리는 내 인생을 철저히 내가 주관해야만 행복해질 수 있다고 철석같이 믿는다. 물론 이런 자기중심적 통제와 지배욕은 다른 인간들과의 사이에도 불화를 낳는다. 하나님을 향한 적의가 타인을 향한 적의로 이어지는 것이다. 이 땅에 평화가 없음은 우리가 하나님과 화평하지 못하기 때문이다.

그런데 크리스마스는 "하나님과 죄인들이 화목하게 된다"고 선포한다. 예수님이 그 소원해진 양자 사이의 완전한 중보자시다. 인간의 속성을 입어 신인(神人)이 되신 그분이 우리 죄를 위해 죽으심으로 그 간극을 이으시고 화해와 화평을 이루신다(롬 5:1-11 참조). 그렇다면 하나님과의 화평을 어떻게 우리 것으로 누릴 수 있을까?

하나님의 통치에 적의를 표출하는 방식은 한 가지만이 아님을 잊지 말라. 종교가 없는 사람은 '나는 무조건 내 마음대로 살겠다'며 대놓고 하나님께 독립을 주장한다. 반면에 종교적인 사람이 그분께 내세우는 독립은 훨씬 은근하다. '나는 성경에 순종하여 뭐든지 다하겠다. 그러니 하나님이 내게 복과 행복한 삶을 주셔야만 한다'는 것이다. 이것은 하나님을 신뢰하기는커녕 오히려 그분을 통제하려는 시도다. 하나님의 복과 천국을 얻어 내려고 그분께 순종한다면 당신 스스로 구주가 되려는 것이다. 두 가지 전략 모두 하나님을 대적한다. 그렇게 해서는 하나님이 당신의 주권자나 구주가 되실 수 없다.

하나님과 화해하는 첫걸음은 불화 자체를 인정하는 것이다. 예를 들어 이렇게 고백할 수 있다. "여태 나는 나쁜 일을 했을 뿐 아니라, 심지어 착한 일을 한 목적도 나 자신이 구원자가 되기 위해서였다. 나의 창조주와 구원자께 독립을 내세우기 위해서였다. 그래서 나는 순전히 은혜로 구원받아야 한다. 올바른 일조차도 잘못된 동기로 해 왔으니 말이다. 나를 구원하시고자 예수께서 이미 이루신 일에 온전히 의지해야 한다."

이로써 당신은 주님의 주권에 대한 자신의 저항을 마침내 전적으로 인정한다. 스스로를 구원할 수 없음을 고백하는 것이다. 이제 당신은 주 예수 그리스도께서 해 주신 일만 믿고 기존 생활 방식에서 돌아선다. 바로 이것이 하나님과 화해하는 길이다.

그렇다면 크리스마스는 기독교 신자들에게만 평화를 가져다준다는 말인가? 아니다. 산상수훈에 예수님은 그분의 모든 제자가 "화평하게 하는 자"가 될 수 있다고 말씀하셨다(마 5:9 참조). 화평하게 하는 자란 먼저 하나님과 화목해짐으로써 마침내 자신의 흠과 약점을 인정하는 법, 자존심을 버리는 법, 굳이 모든 상황을 통제하지 않고도 사랑하는 법을 배운 사람이다.

이 새로운 기술에는 엄청난 능력이 있어 불화를 누그러뜨리고 사람들 사이에 용서와 화해를 촉진한다. 그리스도인들은 화평하게 하는 사람이 되어 세상 속으로 퍼져 나가야 한다. 인종과 계층과 가족과 이웃 간에 화해를 이루는 주역이 되어야 한다.

크리스마스란 하나님의 은혜와 성육신을 통해 그분과 화평해질 수 있고, 일단 그분과 화평해지면 밖에 나가 다른 누구와도 화평해질 수 있다는 뜻이다. 복음을 받아들여 평화를 누리는 사람들이 많아질수록 세상은 더 살기 좋은 곳이 된다. 그리하여 크리스마스를 통해 온 세상에 평화가 증대된다. 하나님과도 화목하고 사람들끼리도 서로 화목해진다.

영혼 깊은 곳에 기생하는 두려움

본문 앞부분에 목자들에게 배울 점이 또 하나 나온다. 전통적 번역은 이렇다. "무서워하지 말라 보라 내가 …… 큰 기쁨의 좋은 소식을 너희에게 전하노라"(눅 2:10). 여기 크리스마스의 메시지에 반응할 세 번째 방식이 있다. 이 "좋은 소식"을 받아들이면 두려움이 사라질 수밖에 없다. 우리는 두려워해서는 안 된다. 왜 그런가?

바로 앞 구절에 보면 목자들은 "크게 무서워"했다. 언뜻 보기에는 별로 이상할 것도 없다. 뭔가 비상한 광경을 보면 누구나 두렵게 마련이다. 그러나 두려움의 원인은 거기서 그치지 않는다. 성경에서 사람들은 하나님과 가까워질 때마다 병적인 불안과 두려움을 경험했다. 하다못해 그분의 존전에 있다 온 천사들 앞에만 서도 그랬다.

이 모두는 인류의 첫 조상이 경험한 근원적 두려움으로 거슬러 올라간다. 창세기 3장에 보면 본래 인간은 하나님과의 온전한 관계를 누리도록 지음받았다. 천지를 지으신 전능하신 사랑의 주님과 더불어 온전한 관계를 누리고 있다면, 당연히 당신은 아무것도 두려워할 게 없다. 그분은 물론 그 밖의 무엇도 두려움의 대상이 아니다.

그것이 인류를 향한 본래 계획이었다. 그것대로라면 왜 두려움이 없을지 알겠는가? 대개 우리는 거절당하는 것과 실패를 두려워한다. 하지만 당신이 하나님의 사랑으로 온전히 충만하다면 남들이 어떻게 생각하든 거기에 개의치 않을 것이다. 우리는 또 미래와 환경을 두려워한다. 하지만 당신이 하나님을 온전히 안다면 그분을 신뢰할 것이다. 선하신 그분이 모든 것을 주관하시니 말이다. 나아가 죽음도 두렵지 않을 것이다. 영원히 그분과 함께할 것을 알기 때문이다.

그러나 인간은 하나님이 통치하시는 삶에서 일부러 벗어났고, 그러자 그분과의 관계가 끊어지고 우리는 두려움에 가득 차고 공포에 지배당하게 되었다(창 3:8-10 참조). 뱀의 거짓말이 우리 마음속에 파고들었다. 그는 '네 인생은 네가 주관해야지 하나님을 포함해서 아무에게도 맡겨서는 안 된다. 그럼 행복할 수 없고 최고의 것을 놓치고 만다'라고 속였다. 이 왜곡이 모든 인간의 마음속에 전해져 하나님을 신뢰하는 데 두려움을 자아낸다.

하지만 그것은 분명 새빨간 거짓말이다. 이 세상에

서 우리가 아무리 기를 써도 자신의 삶을 통제할 수 없기 때문이다. 스스로 통제권을 쥐고 누구의 신세도 지지 않아야만 평안해질 수 있다면, 우리는 늘 두려울 수밖에 없다. 우리를 좌지우지할 사람들과 세력들을 예측하거나 통제할 수 없기 때문이다.

목자들이 천사들 앞에서 경험한 공포는 비단 초자연적 현상에 국한된 두려움만은 아니었다. 성경에 천사들이 나타날 때마다 그랬듯이, 이는 인간이 거룩한 존재에게 근본적으로 위협을 느끼기 때문이다. 하나님의 영광이 나타날 때마다 인간의 근원적 두려움은 더 부각되고 증폭된다. 그만큼 우리가 하나님과 멀어져 있기 때문이다.

다행히 천사가 이런 놀라운 메시지를 알렸다. "이제 더는 두려워할 것 없다. 지금부터 내가 보여 주려는 것을 보면 된다." 우리 영혼 깊은 곳에 기생하는 두려움은 영영 쫓겨날 수 있다. 어떻게 하면 될까? 천사가 답해 주었다. "무서워하지 말라. 그리고 보라!"(눅 2:10 참조)

우리가 바라봐야 할 복음

전통적 번역은 "무서워하지 말라 **보라** 내가 …… 좋은 소식을 너희에게 전하노라"인데 현대 역본은 대개 "보라"(behold)라는 말을 영어의 의고체(archaism; 일상언어에서 사용하지 않게 된 예스러운 표현이나 문체-편집자 주) 표현으로 보고 생략한다. 하지만 성경의 헬라어 원문에 명백히 그 단어가 들어 있다.

천사의 말을 문자적으로 보면 "두려워하지 말라. 지각하라. 내가 너희에게 복음을 전하노라"이다. 보면 두렵지 않게 된다는 것, 그게 원리다. 시간을 들여 복음의 메시지에 담긴 내용을 파악하면(즉 보면), 그동안 당신 삶을 어둡게 지배하던 두려움이 사라질 것이다. 복음을 참으로 보는(응시하고, 깨닫고, 음미하고, 내면화하고, 기뻐하는) 정도만큼 두려움은 당신의 삶에서 힘을 잃을 것이다.

우리가 바라봐야 할 이 복음은 무엇인가? 기쁜 소식은 무엇인가? 구주가 나셨다는 사실이다. 거부당할 것과 실패에 대한 두려움을 극복하고 그분의 사랑으로 충만해지고 싶다면, 그분을 당신의 구주로 의지해야 한다. 자신을 정당화해야 할 우울한 부담에서 벗어나 완전히 용서받고 싶다면 말이다. 그러나 스스로를 구원하려 한다면 두려움이 늘 당신을 괴롭힐 것이다. 스스로 자존감을 얻어 내고 자신의 정체를 지어내려 한다면 두려움에 짓눌리고 말 것이다.

우리가 가장 두려워하는 통제권을 내려놓는 일은 어떤가? 어떻게 우리 삶을 그분께 맡길 수 있는가? 답은 구유 안의 어린 아기가 능하신 그리스도 주라는 사실에 있다. 그러므로 생각하고 지각하고 숙고하라. 하나님의 전능하신 아들이 당신을 위해 철저히 통제권을 잃으셨으니 당신도 그분을 신뢰할 수 있다. 그 결과 두려움이 점차 무력해질 수밖에 없다.

1961년에 러시아는 유리 가가린(Yuri Gagarin)이라는 사람을 최초로 우주에 보냈다. 당시 러시아 수상 니키타 흐루쇼프(Nikita Khrushchev)는 말하기를, 우주 비행사 가가린이 우주에 나가 보니 신은 없었노라고 했다.

C. S. 루이스는 이에 응수하는 형식으로 "보는 눈"이라는 기사를 썼다. 그는 우리를 창조하신 신이 계실진대 공중에 올라간다고 해서 그분을 발견할 수는 없다고 말했

다. 하나님이 인간을 대하시는 방식은 2층 사람이 1층 사람을 대하는 방식과는 다르다. 그분이 우리를 대하시는 방식은 셰익스피어가 햄릿을 대하는 방식과 같다. 셰익스피어는 햄릿 자신과 햄릿의 세계를 창조했다. 햄릿이 셰익스피어를 알려면 저자가 극중에 자신에 대한 정보를 밝혀야만 가능하다. 마찬가지로 우리도 하나님이 자신을 계시해 주셔야만 그분을 알 수 있다.[2]

크리스마스의 주장은 그보다 무한히 더 경이롭다. 하나님은 우리에게 자신의 정보만 써 주신 게 아니라 역사의 극중에 자신을 써 넣으셨다. 그분은 우리를 구원하시고자 예수 그리스도로 이 세상에 오셔서 우리를 위해 죽으셨다.

보라! 당신을 위해 그렇게까지 하신 분을 신뢰하지 않겠는가? 지금도 천사는 '네 모든 두려움에서 벗어나고 싶은가? 그러면 보라! 크리스마스를 보라. 그분이 하신 일을 보라'라고 외친다. 당신이 그것을 보고 깨닫고 마음에 새기어 생각하는 정도만큼 두려움이 물러가기 시작할 것이다. 두려워하지 말라! 보라!

7

마음을 찌르는 칼,
참평화를 위한 불화다

누가복음 2장 33-35절

³³ 그의 부모가 그에 대한 말들을 놀랍게 여기더라

³⁴ 시므온이 그들에게 축복하고 그의 어머니 마리아에게
말하여 이르되 보라 이는 이스라엘 중 많은 사람을
패하거나 흥하게 하며 비방을 받는 표적이 되기 위하여
세움을 받았고 ³⁵ 또 칼이 네 마음을 찌르듯 하리니 이는
여러 사람의 마음의 생각을 드러내려 함이니라 하더라.

요셉과 마리아는 생후 8일 된 아기 예수에게 할례를 행하러 성전에 갔다가 메시아를 기다리는 시므온이라는 노인을 만났다. 일가족이 그의 곁을 지나가는데 그가 성령의 감화로 예수님의 참정체를 알아보았다.

그는 아기를 품에 안고 이제는 세상에 널리 알려진 말을 했다. 예로부터 기독교 전례(典禮)에서 독송해 온 그 말을 '눈크 디미티스'(Nunc dimittis)라고 하며(라틴어역의 첫 두 단어로 '이제는 놓아주시는도다'라는 뜻이며 "시므온의 노래"로도 불린다 - 옮긴이 주), 대개 다음과 같이 번역한다. "주재여 이제는 말씀하신 대로 종을 평안히 놓아주시는도다 내 눈이 주의 구원을 보았사오니"(눅 2:29-30). 시므온은 자신을 오래 살게 하셔서 메시아를 보게 해 주신 하나님께 감사를 드렸다.

눈크 디미티스는 누가복음 2장 29-32절에 나오는데 시므온이 한 말이 그게 다는 아니다. 누가에 따르면 마리아와 요셉이 그의 말을 거기까지 듣고 놀랍게 여긴 후에 시므온은 마리아를 똑바로 보며 이렇게 덧붙였다.

보라 이는 이스라엘 중 많은 사람을 패하거나 흥하게 하며
비방을 받는 표적이 되기 위하여 세움을 받았고 또 칼이
네 마음을 찌르듯 하리니 이는 여러 사람의 마음의 생각을
드러내려 함이니라(눅 2:34-35).

시므온의 말 중에서 이 부분은 비교적 알려져 있지
않은데 그 이유를 알 만하다. 이 말은 곡조에 붙여진 바도
없고 온 세상의 크리스마스 예배에서 읽히지도 않는다. 하
지만 나는 읽혀야 한다고 생각한다. 이 또한 성경이 말하
는 크리스마스의 의미의 일부이며, 따라서 우리가 꼭 들어
야 하기 때문이다. 어째서 그런가? 세상이나 교회나 할 것
없이 크리스마스를 축하하고 기념할 때는 거의 전적으로
즐거움과 빛에 집중한다. 그리스도의 강림이 이 땅의 평화
를 의미한다는 내용 일색이다. 물론 앞 장에서 보았듯이
그것도 맞다. 하지만 그렇게 간단하지만은 않다.

당신의 몸에 종양이 있다면 외과의사는 어떻게 치료
하는가? 출혈을 무릅쓰고 개복한다. 그래야만 몸이 건강
해질 수 있기 때문이다. 정신과의사는 우울하고 의기소침
한 사람을 어떻게 돕는가? 대개 과거를 끄집어내 환자가

고통스러운 기억과 비참한 감정을 직면하게 한다. 이처럼 외과의사와 정신과의사가 일단 당신의 상태를 악화시켜야만 비로소 호전이 가능한 경우가 많다.

마태복음 10장 34절에 예수님은 이렇게까지 말씀하신다. "내가 세상에 화평을 주러 온 줄로 생각하지 말라 화평이 아니요 검을 주러 왔노라." 곧이어 그분이 밝히셨듯이 이 말씀은 그분이 폭력을 조장하러 오셨다는 뜻이 아니라, 그분이 명하신 충성 때문에 사람들 사이와 각자의 내면에 갈등과 불화가 생겨난다는 뜻이다. 화평하게 하는 자라면 역사상 누구나 그랬듯이 예수님도 사람들을 화나게 하시며, 대립과 충돌을 불러일으키실 때도 많다. 하지만 그분의 평화는 그렇게 임한다.

어둠의 법과 충돌을 일으키는
빛의 법

시므온의 예언의 앞부분은 예수께서 사람들을 '패하거나 흥하게 하시고' 또 '비방을 받는 표적이 되신다'는 것이다. 다시 말해서 사람들이 양쪽으로 갈라지고 다수가 그분을 대적할 것이다. 여기서 불화가 생겨난다.

사람들이 이렇게 반응하는 이유의 일부를 앞서 살펴보았다. 그분이 주장하신 권위가 워낙 절대적이기 때문이다. 하지만 그것 말고도 또 있다. 예수께서 요한복음 3장 19-20절에 말씀하셨듯이 사람들은 "빛보다 어둠을 더 사랑"하며, 빛 앞에 자신의 실체가 드러나기 때문에 빛을 미워한다.

이 원리가 작용하는 것을 아주 기본적인 차원에서도 볼 수 있다. 내가 알던 한 백인 가정은 자기 동네에 입주한 최초의 흑인 가정을 아주 반가이 맞이했다. 그러자 이웃의 백인들은 격노했다. 오랜 세월 그들은 백인이 아닌 가정이 이사 오기만 하면 쌀쌀맞게 대해 왔는데, 이 친절한 한 가정 때문에 자신들까지 친절하게 마음을 열어야 한다는 부담감에 분노가 일었다. 그들은 털끝만큼도 그럴 마음이 없었기 때문이다.

내가 알던 한 경찰관은 기독교로 회심한 뒤로 근처 매춘 알선업자들이 자기네 매춘부들을 체포하지 말아 달라고 관할서에 몰래 돌리던 돈을 한사코 받지 않았다. 그러자 다른 경찰관 둘이 그에게 다가와 말했다. "자네 조심해야겠어. 우리까지 다 신경이 곤두서게 할 건 없잖아. 받을 돈은 받아야지."

그러나 그는 계속 거부했고 익명의 협박을 몇 차례 당한 후에 그의 뜻과는 다르게 다른 도시로 근무지를 옮겨야만 했다. 원리가 작용하는 게 보이는가? 당신이 굳이 예수 그리스도가 되지 않아도 사람들은 자신의 실상이 들통나면 격노한다. 그냥 바르고 정직하게 살기만 해도 사무실의 험담, 정부의 부정부패, 동네의 인종 차별이 드러난다. 크리스마스의 구유는 당신도 예수님처럼 살면 웬만한 여관에 당신의 방이 없을 거라는 뜻이다.

기독교 초창기의 로마 사회에는 각종 신과 유사 종교와 신비 종교가 말 그대로 넘쳐났다. 그 문화에서 누구나 자기만의 신과 신앙이 있는 것은 당연했다. 그러나 특정 도시의 신이나 신성시되던 황제 자신에게 공적으로 경의를 표할 때는 누구나 다 동참해야 했다. 로마의 가정, 민간 단체, 관공서, 장터, 동업 조합, 군부대마다 수호신이 있어 그 신에게 바치는 공적인 의식을 정기적으로 열었다. 한껏 격식을 차린 만찬에서도 현지 신에게 감사를 표해야 했다.

동참을 거부하면 의심과 적의와 분노의 대상이 되었고, 사람들은 지역 사회 전체에 신의 진노가 임하지나 않을까 두려워했다.

기독교는 여타 종교와 다르다는 게 금세 분명해졌다. 그리스도인들은 제사장이나 제사나 성전도 없었을 뿐더러 다른 어떤 신에게든 제사하는 것을 우상숭배로 여겼다. 기독교 신앙의 배타성 때문에 그리고 예수님이 그냥 신이 아니라 유일하신 하나님이라는 확신 때문에 그리스도인들은 당시의 종교다원주의 사회에서 거의 모든 사람과 충돌할 수밖에 없었다. 그들의 완고한 신앙은 사회 질서 전체를 위협하는 것처럼 보였다.

역사가들의 설명에 따르면 그 결과 초기 그리스도인들은 종종 상속권을 박탈당하고, 정부 공직에서 밀려나고, 사업상 최고 관계망에서 배제되고, 간혹 신체적 학대를 당하는가 하면 심지어 투옥까지도 감내해야 했다.[1]

오늘날 우리의 세속 사회에서는 비기독교인들이 신의 진노를 무서워하지는 않는다. 하지만 우리 문화도 점점 더 기독교인들을 사회 질서의 위험 요소로 본다. 기독교의 전통적 신념들을 위험하리만치 편협한 것으로 생각한다.

우리도 장래에 모종의 제약과 배척을 당할지도 모른다. 이렇듯 복음의 메시지는 그때나 지금이나 편협해 보이기 때문에 적의를 낳는다.

앞서 보았듯이 기독교에 나타내는 적의는 그보다 더 근본적이다. 로마서 1장의 말씀처럼 우리는 속으로 하나님이 꼭 필요함을 알면서도 그 지식을 억압한다(롬 1:18-20 참조). 모든 인간의 마음 깊은 곳에 자신을 정당화하려는 엔진이 있다. 그래서 우리는 자신이 유능하여 스스로 삶을 운영하고 구원할 수 있다고 믿어야만 한다. 무엇이든 이 엔진이 움직이는 것을 막으면 우리는 노발대발한다.

그런데 이 복잡한 억압과 부인의 기제를 가장 크게 방해하는 요소가 바로 예수님이다. 그분의 삶 전체가 우리에게 "너희는 너희 자신의 것이 아니라 값으로 산 것이 되었으니"(고전 6:19-20)라고 말한다. 그 말을 듣고 좋아할 사람은 아무도 없다. 사람들이 그분께 분노한 것도 당연하다. 당신도 점점 예수님을 닮아 가거나 그분과의 친밀한 관계를 숨기지 않는다면 때로 누군가가 그것 때문에 당신에게 분노할 것이다.

이런 말을 하는 데는 위험이 뒤따른다. 그리스도인

들도 흠이 있는 인간이며 종종 위선과 옹졸함으로 비난을 자초하기 때문이다. 자신의 결함과 실족을 박해로 정당화하여 우는소리를 해서는 안 된다. 때로 사람들은 단순히 우리에게 반감을 느끼는데, 거기에는 그럴 만한 이유가 있다. 그러나 시므온은 예수님도 반감을 주시는 분이며, 그런 면이 언제 어디서고 겉으로 표출될 거라고 말했다. 즉 누구든지 그분과 동화하는 사람도 반감을 주는 존재로 비쳐지게 마련이다.

예수께서 우리 삶에 들어오시면 우리는 화평하게 하는 자가 되지만 동시에 불화도 뒤따른다. 당신이 헌신된 그리스도인이라면 화평하게 하는 일의 승리도 알 것이고 가슴 아픈 대립도 알 것이다. "나는 화평을 원할지라도 내가 말할 때에 그들은 싸우려 하는도다"(시 120:7). 시편의 저자가 쓴 이 말에 그리스도인들도 공감할 때가 많다.

뒤로 물러서지 말라

시므온의 말은 거기서 끝나지 않았다. 여전히 마리

아를 보며 그는 "칼이 네 마음을 찌르듯 하리니"(눅 2:35)라고 덧붙였다. 정말 그 말대로 되었다. 예컨대 우리는 그녀가 십자가 앞에 서서 아들의 죽음을 지켜보았음을 안다(요 19:25 참조). 물론 그녀는 자신의 아들이 그리스도 곧 메시아라는 모든 증언을 오랜 세월 알았고 깊이 생각했다. 그러나 그분 주변의 모든 사람들처럼 그녀도 그런 처참한 요절과 뒤이은 부활을 예상하지는 못했다. 예수님의 모든 제자들처럼 그녀에게도 십자가는 틀림없이 모든 희망과 꿈이 비참하게 짓밟히는 것으로 보였을 것이다. 이 비참한 환멸 외에도 마리아에게는 자식의 죽음을 봐야 하는 참척의 고뇌와 한없는 비애가 따로 더 얹어졌다.

이미 그전부터 예수님의 사역은 마리아를 큰 혼란에 빠뜨렸다. 마가복음 3장에 보면 그분의 주장과 사역은 "어머니와 동생들"(31절)에게 말 그대로 광기(狂氣)로 비쳐졌다. 그들이 그분을 억지로 집에 데려가려고 찾아갔으니 이는 "그가 미쳤다 함"이었다(21절). 사역하시던 곳으로 찾아가 그분을 밖으로 부르는 그들을 예수님은 거부하셨다. 어머니와의 연을 끊었다는 말이 아니다. 십자가에서 죽어 가던 중에도 어머니 마리아를 사랑하여 살길을 마련해 주신 예수님이었다(요 19:25-27 참조).

그러나 마리아를 비롯한 가족들이 그분께 설교와 가르침을 그만두라고 했을 때 그분은 **"누가 내 어머니이며 동생들이냐"**(막 3:33)라고 응수하셨다. 그러고는 무리와 제자들을 둘러보시며 "내 어머니와 내 동생들을 보라 누구든지 하나님의 뜻대로 행하는 자가 내 형제요 자매요 어머니이니라"(34-35절)라고 말씀하셨다.

신약에서 마리아보다 더 감탄스럽고 매력적인 인물은 별로 없다. 앞서 보았듯이 그녀는 천사에게 믿음으로 반응했고 목자들에게 지혜롭게 반응했다. 하지만 이번 예에서 보다시피 그런 마리아조차 모든 걸 올바로 알지는 못했다. 아들이 이 땅에 온 목적, 지금부터 필요한 일, 자신이 해야 할 마땅한 반응을 그녀는 심히 잘못 알았다. 그래서 예수님을 막으려 했고, 세상을 구원하시려는 사역을 말리려 했다. 이것이 엄청난 과오였던 만큼 예수님의 책망도 마리아에게 뼈아프게 다가왔을 것이다.

여기서 또 한 번 마리아는 예수님을 사랑하는 모든 사람들의 전형으로 우리 앞에 서 있다. 당신도 예수님을 사랑하고 삶에 모시면 칼이 당신의 마음을 찌를 것이다.

내면에 갈등이 생기고 때로 혼란과 심한 고통이 따를 것이다. 뭔가를 잘못 알기도 할 것이다. 그분과 싸울 수도 있고 당신 자신과 싸울 수도 있다.

왜 그럴까? 19세기의 성공회 주교 J. C. 라일(J. C. Ryle)은 그리스도인을 이렇게 이야기한다. "하나님의 자녀에게는 두 가지 큰 표지가 있다. …… 그는 내면의 평화로 알려지는 것 못지않게 내면의 전투로도 알려질 수 있다."[2]

그리스도를 믿고 나면 많은 싸움이 끝나거나 거의 끝난다. 자신을 입증하려는 씨름, 자신의 정체를 발견하려는 씨름, 고난까지 소화하게 해 줄 삶의 의미를 찾으려는 씨름, 참된 만족을 얻으려는 씨름, 이 모든 싸움이 해결된다. 그러나 그리스도를 믿으면 전혀 새로운 차원의 분투가 촉발된다. 그래서 라일은 진정한 그리스도인을 아는 기준이 새로운 평화만이 아니라 또한 새로운 갈등이라고 했다. 그의 설명을 더 들어 보자.

수많은 자칭 기독교인들이 일요일마다 교회와 예배당에 나간다. 그들의 이름은 세례자 명부에 올라 있다. 그들은 사는 동안 기독교인으로 간주되고, 기독교식으로 혼례를 치르고, 죽어서도 기독교인으로 묻힌다. 그러나 그들의 신앙에는 '싸움'이 전혀 보이지 않는다. 그들은 영적 전투, 수고, 충돌, 자아 부인, 경계, 교전을 그야말로 전혀 모른다. 이런 기독교는 ⋯⋯ 성경의 기독교가 아니다. 그것은 주 예수께서 세우시고 그분의 사도들이 전한 신앙이 아니다. 참된 기독교는 "싸움"이다.[3]

라일의 화려한 수사법은 오늘날보다 영국 빅토리아 시대에 더 어울릴지 모르지만 그의 말은 절대적으로 옳다. 그리스도께서 가져다주시는 새로운 평화에는 반드시 새로운 싸움이 따른다. 어떻게 그런지 두 가지 면에서 생각해 보자.

우선 하나님의 평화는 회개라는 내적 싸움 이후에 찾아온다. 회개는 소독제와 같다. 환부에 소독제를 부으면 따끔하지만 치료가 된다. 회개도 그와 같아서 내면에 큰 고통을 유발한다. 시인하고 싶지 않은 일을 시인해야 하고, 인정하고 싶지 않은 약점을 인정해야 하기 때문이다. 그러나 용서와 화해라는 새로운 평화에 이르는 길은 그것뿐이다. 교만과 독선적 태도는 당신에게나 주변 사람들에게나 아주

버거운 짐인데, 회개하면 그것이 무너진다. 회개의 고통을 통과하지 않고는 새로운 평화에 들어설 수 없다.

또한 하나님의 평화는 복종에 수반되는 내적 싸움 이후에 찾아온다. 로마서 6-8장에 바울은 그리스도인의 옛 자아와 새 자아 사이의 내적 전투를 언급했다. 옛 자아는 계속 우리의 주인이 되려 하지만, 새 자아는 하나님을 하나님 되시게 해 드리는 평화를 안다. 두 의지가 어긋나면 당연히 싸움이 벌어진다. 그러나 하나님과 충돌할 때마다 복종하여 결국 "나의 원대로 마시옵고 아버지의 원대로 하옵소서"라고 고백하면, 그분의 평화 속으로 더 깊이 들어간다.

내가 아는 한 그리스도인은 끔찍한 사고로 사지를 못 쓰게 되었다. 여러 해 동안 원망과 분노에 차 있던 그녀는 어느 날 "하나님, 제가 하나님더러 우주를 어떻게 운영하라고 지시할 권한은 없습니다"라고 기도했다. 이 돌파구에 이른 뒤부터 그녀는 광채를 발했다. 일단 이 싸움에 이기고 나면 아무것도 우리를 무너뜨릴 수 없다.

그녀는 그리스도를 신뢰하는 마음이 더욱 깊어졌다. 아무도 고난을 자청할 필요는 없다. 하지만 고난 속에서도 그분을 더욱 신뢰하는 사람에게는 가실 줄 모르는 기쁨, 강인한 성품, 다른 방식으로는 결코 얻을 수 없는 능력이 싹튼다. 이런 싸움이야말로 흔들리지 않는 평화를 가져다 줄 수 있다.

예수님은 자신이 검을 주러 왔다고 말씀하셨고 시므온도 똑같이 말했다. 이 말의 의미를 알고 있는가? 예수님 때문에 우리가 적의의 대상이 된다는 뜻이다. 그리스도인의 삶에 고통스러운 싸움이 많다는 뜻이다. 그래서 크리스마스는 그리스도인이 자기연민에 빠지거나 근시안이 되어서는 안 된다고 가르친다. 이런 싸움의 궁극적 결과가 더 깊은 평화와 기쁨이기 때문이다.

시므온의 말은 그리스도인들이 환난을 예상하고 각오해야 한다는 것이다. 평화에 이르는 여정에는 치열한 전투가 있게 마련이다. 예수님이 그리하시지 않았는가! 그분은 고뇌의 십자가를 통해 평화를 이루셨다. 그러니 우리 앞에 싸움이 닥쳐와도 놀라서는 안 된다.

어떻게 하면 굳센 결의로 시련과 역경의 "검"을 감당할 수 있을까? 우리를 위해 굳센 결의로 최악의 검을 감당하신 예수님을 보면 된다. 창세기 3장에 보면 하나님은 인류를 생명나무가 있는 그분의 존전에서 쫓아내셨고, 또한 "불 칼"을 두어 영생으로 되돌아가는 길을 지키게 하셨다 (창 3:24 참조). 이는 표현만 다를 뿐 "죄의 삯은 사망이요"(롬 6:23)라는 말과 같다. 구약 전체에서 증언하는 내용이다. 그래서 성막이나 성전에서 죄가 속해질 때마다 동물이 대신 칼에 죽임을 당해야 했던 것이다.

그렇다면 예수님이 지신 십자가는 무엇인가? 우리를 대신하신 죗값이다. 그분도 검에 맞아 희생되셨다. "그가 살아 있는 자들의 땅에서 끊어짐[베어짐]은 마땅히 형벌받을 내 백성의 허물 때문이라"(사 53:8).

자기연민에 빠지거나 비겁해지지 말자. 예수님을 벤 검은 그분이 우리에게 감당하게 하시는 그 어떤 일보다도 무한히 컸다. 그렇게 그분은 우리를 위해 싸우셨다. 게다가 최후의 순간 검이 그분을 내리칠 때 그분은 철저히 혼자셨고 아버지께마저 버림받으셨다(마 27:46 참조). 그러나 우리는 역경을 지날 때 결코 혼자가 아니다. 그분이 늘 우리 곁에 동행하신다. "내 너와 함께하여 환난 중에 복 주고 네 깊은 근심마저 거룩하게 하리라."[4]

시므온이 마리아에게 "칼이 네 마음을 찌르듯 하리

니"라고 했을 때 마리아가 "제 마음을 칼에 찔리고 싶지 않습니다"라고 말했다면 어떻게 되었을까? 예수님께서 "내 마음을 칼에 찔리고 싶지 않다! 그런 식으로는 평화를 이루고 싶지 않다"라고 말씀하셨다면 지금 당신은 어디에 있을까? 나는 어디에 있을까? 그러니 우리도 뒤로 물러서지 말자. 그분의 뒤를 따라 평화에 이르자.

예수, ────── **'그분 자신'**을 주시다

8

되찾은 그 이름 예수,
이제 감출 수 없으리라

요한일서 1장 1-4절

1 태초부터 있는 생명의 말씀에 관하여는 우리가 들은
바요 눈으로 본 바요 자세히 보고 우리의 손으로 만진 바라
2 이 생명이 나타내신 바 된지라 이 영원한 생명을 우리가
보았고 증언하여 너희에게 전하노니 이는 아버지와 함께
계시다가 우리에게 나타내신 바 된 이시니라 **3** 우리가
보고 들은 바를 너희에게도 전함은 너희로 우리와 사귐이
있게 하려 함이니 우리의 사귐은 아버지와 그의 아들 예수
그리스도와 더불어 누림이라 **4** 우리가 이것을 씀은 우리의
기쁨이 충만하게 하려 함이라.

크리스마스 관련 성경 하면 대부분 예수님의 탄생에 관한 기사를 떠올린다. 천사, 마리아와 요셉, 목자, 동방박사에 대해 듣고 싶은 것이다. 위에 인용한 요한일서의 서두는 언뜻 크리스마스와 관련된 본문 같지가 않다. 그러나 그 사건 자체를 기록한 것은 아니어도 이를 통해 요한은 우리에게 예수 탄생의 의미를 놀랍도록 간명하게 설명해 준다.

교만과 자기혐오 사이에서 갈팡거리다

크리스마스는 구원이 은혜로 주어진다고 외친다. 물론 이미 살펴본 내용이지만 요한이 여기에 어떻게 설명하는지 보라. 요한복음 1장에서 예수님을 "말씀"으로 칭한다. "태초에 말씀이 계시니라 이 말씀이 하나님과 함께 계셨으니 이 말씀은 곧 하나님이시니라"(요 1:1). 요한일서 1장에서는 그분을 "생명의 말씀"(1절)과 "영원한 생명"(2절)으로 칭한다. 요한이 "아버지와 함께 계시다가 우리에게 나타내신 바" 되었다고 말한 "이 영원한 생명"은 곧 예수 그리스도 자신을 가리킨다. 깜짝 놀랄 진술이지만 요지는 분명하다. 단지 예수 그리스도께 영생이 있거나 그분이 영생을 주시는 정도가 아니라 그분 자신이 곧 영원한 생명이요 구원이라는 것이다.

이것이야말로 크리스마스와 관련된 모든 본문에 숨은 진리다. 다른 모든 종교는 창시자가 영생을 가리켜 보일 뿐이지만, 예수님은 육신을 입고 오신 하나님이시므로 그분 자신이 곧 영원한 생명이다. 믿음으로 그분과 연합하고 사랑으로 그분을 알면 누구나 이 영생을 받는다. 그뿐이다. 그것만으로 다 된다. 그 밖에 우리 쪽에서 성취하거나 이루어 내야 할 조건이 하나도 없다.

지난 세월 내게 이런 식으로 말한 사람들이 있다. "내가 믿는 예수님을 잘 모르겠다. 성육신이나 온갖 교리를 왜 믿는지도 모르겠다. 하지만 교리는 중요하지 않다. 중요한 건 내가 착실하게 사는 것이다." 그러나 "교리는 중요하지 않다. 중요한 건 내가 착실하게 사는 것이다"라는 그 말도 교리다. 이것을 가리켜 은혜 구원이 아닌 행위 구원의 교리라 한다. 거기에 깔린 전제는 당신이 구주가 필요할 정도로 죄인은 아니며, 스스로의 힘으로 바르게 살아갈 수 없을 정도로 연약하지는 않다는 것이다. 사실상 당신은 하나님과 인간과 죄의 속성을 총망라한 일련의 교리를 주창하는 것이다. 그런데 크리스마스의 메시지는 그게 다 틀렸다고 말한다.

당신은 천국에 갈 자격을 하나님에게서 스스로 얻어낼 수 있다고 믿을 수도 있고, 인간답게 살아갈 도덕적 자원이 자기 안에 있다며 종교를 아예 거부할 수도 있다. 그러나 그 둘 중 하나의 입장을 취한다면 당신의 삶은 두려움과 불안에 지배당할 것이다. 결코 자신이 이만하면 충분하다고 느껴지지 않을 테니 말이다. 행여 정말 충분하다고 느껴진다면 당신은 교만해지거나 다른 사람들을 멸시할 것이고, 반대로 실패했다고 느껴지면 자기혐오에 빠질 것이다. 당신은 아마 이런 몇 가지 생활방식 사이에 내동댕이쳐져 오락가락을 되풀이할 것이다.

하지만 다른 길이 있다. 당신은 오직 그리스도를 믿어 은혜로만 구원받는다는 크리스마스의 진리를 믿을 수 있다. 그러면 자신의 참정체를 알 수 있다. 그래서 교만에서 벗어나 겸손해지고, 인정받고 사랑받으니 불안도 점차 사라지며, 실패하더라도 용서와 회복을 누릴 수 있다.

정말로 그분 자신을 주셨다

그래서 크리스마스 이야기가 실제 일어난 사건이라는 게 더없이 중요하다. 만일 우리가 자신의 노력으로 구원받는다면 예수님에 관한 이야기의 목적은 하나뿐이다. 우리에게 감화를 끼쳐 그분을 닮고 본받게 하는 것이다. 이야기 자체가 실화인지 허구인지는 중요하지 않다. 중요한 건 그 속에 우리 삶의 본보기가 있다는 것이다.

그러나 우리가 은혜로 구원받는다면 즉 자신의 행위로가 아니라 그분이 이루신 일로 말미암아 구원받는다면, 복음의 위대한 사건들(성육신, 십자가의 속죄, 죽음 후의 부활)은 반드시 시간과 공간 속에서 실제로 일어난 일이어야만 한다.

이번 장 본문이 바로 그 사실을 확증해 준다. 요한은 "우리가 들은 바요 눈으로 본 바요 …… 우리의 손으로 만진 바라"라고 말했다. 왜 이렇게 강조하는 것일까? 그냥 화려한 수사법일까? 그렇지 않다. 신약학자 로버트 야브로(Robert Yarbrough)에 따르면 이 동사들은 고대 법정에 선 증인들의 다양한 증언과 일치한다. 따라서 "우리가 보았고 증언하여"라는 요한의 말은 "대화가 아니라 법적 증언이다."[1]

들고 보고 만졌다는 말은 법정에서 쓰던 어법이다. 요한은 이렇게 말한 셈이다. "이것은 그저 근사한 이야기를 모은 게 아니다. 나를 비롯하여 목격자들이 많이 있다. 그래서 우리는 증언한다. 우리는 정말 그분을 보았다. 그분은 정말 사셨고, 정말 죽으셨고, 정말 죽음에서 부활하셨다."

크리스마스가 그럴듯한 전설에 불과하다면 어떤 의미에서 당신은 스스로 살길을 찾아야 한다. 그러나 크리스마스가 사실이라면(사도 요한은 전적으로 실화라고 증언한다) 당신은 은혜로 구원받을 수 있다.

날마다 그분과 더 친해지기

요한일서 1장 1-2절은 크리스마스의 사건이 실제로 있었다는 일종의 법적 증언이다. 요한은 하나님이 베들레헴에 구주로 태어나셨다는 천사들의 선포가 사실이라고 역설했다. 이어 3-4절에서 그는 그와 같은 선포를 한 목적으로 넘어간다.

크리스마스는 당신이 하나님과 교제를 나눌 수 있다는 걸 의미한다. 요한은 독자들이 자신의 증언을 믿기를, 그리하여 그들도 아버지와 아들과 더불어 누리는 교제에 동참할 수 있기를 원했다(3절 참조). 여기에 쓰인 '코이노니아'라는 단어는 함께 나누는 관계를 뜻한다. 이 깊고 친밀한 다차원의 결속이라는 개념을 지금은 '교제'라는 말로 표현한다. 요한에 따르면 예수님을 직접 보고 알았던 사도들 및 다른 이들처럼, 신자들도 이와 똑같이 하나님과 인격적 교제를 나눌 수 있다.

지난 세월 타종교의 많은 교인들이나 지도자들과 유익한 대화를 나누곤 했다. 그럴 때면 그들의 각 종교에서는 개인과 신의 관계가 어떻게 이루어지는지 물어본다. 그들이 들려준 대답은 대체로 이러했다. 동양 종교들의 경우 인격적 교제가 아예 불가능하다. 신이란 결국 비인격적 힘이므로 인간이 그 힘과 합일을 이룰 수는 있어도 인격적 소통을 나눌 수는 없다. 다른 주요 종교들의 경우 신이 인격체이긴 하지만 너무 멀리 떨어져 있어 신자들과 친밀한 사랑의 교제를 나눈다고 말할 수 없다.

대화를 한 후 기독교의 차이가 성육신에 있다는 확신이 들었다. 하나님이 육신이 되었다는 말은 다른 어떤 종교에도 없다. 찰스 웨슬리(Charles Wesley)의 찬송가에 나오는 "하늘에서 내려와 …… 사람 몸을 입었네"라는 놀라운 소절을 생각해 보라.

하나님의 영광을 보여 달라는 모세에게 그분은 그러면 죽을 거라고 말씀하셨다. 그런데 요한복음 1장에는 예수님을 통해 "우리가 그의 영광을 보니 아버지의 독생자의 영광이요 은혜와 진리가 충만하더라"(요 1:14)라고 했다. 찰스 웨슬리는 하나님이 숨어 계시다고 하지 않고 우리 눈에 보이게 "하늘에서 내려와 …… 사람 몸을 입었네"라고 노래했다.

과학 교사들이 학생들에게 지시하듯이, 태양의 특성

을 직접 관찰할 때 눈을 다치지 않으려면 필터를 통해 보아야 한다. 마찬가지로 우리도 사람이신 그리스도를 통해 하나님의 영광을 본다.

하나님을 인격적으로 알려면 그분에 관한 전반적 사실을 믿거나 그냥 기도만 해서는 안 된다. 복음서의 본문들 속에 푹 빠져들어야 한다. 복음서를 읽을 때 우리는 인간의 형체를 취하신 하나님을 본다. 완전하신 그분을 우리 눈높이에서 본다. 그분의 사랑과 겸손과 지식과 지혜와 긍휼을 본다. 더는 그것이 추상적 개념이 아니다.

구약에서 보는 하나님의 영광은 무서울 정도로 압도적이지만 이제 그것이 예수 그리스도를 통해 가까이 다가왔다. 우리는 그분을 만질 수 있고 느낄 수 있다. 무엇보다 그분은 누구나 직접 관계를 맺을 수 있는 대상이 되셨다.

크리스마스와 성육신은 하나님이 어떤 희생도 마다하지 않으시고 우리에게 인격적으로 알 수 있는 대상이 되어 주셨음을 선포한다.

그분과 교제를 나누는 삶은 실제로 어떤 모습일까? 18세기 영국의 감리교 목사였던 대니얼 스틸(Daniel Steele)은 인생의 어느 한때를 글로 이렇게 표현했다. "거의 매주 때로는 거의 매일 그분의 크신 사랑이 어찌나 무겁게 나를 덮치는지 …… 나의 전 존재 곧 몸과 영혼이 그 넘치는 기쁨을 차마 감당하지 못해 중압감으로 신음할 정도다. 그런데 이렇게 충만한데도 더 갈급해진다. …… 그분은 내 존재의 모든 방을 열어 그 찬란한 임재의 빛으로 터질 듯이 충만하게 하신다. …… 여태 닿지 않던 구석에까지 빛이 비쳐드니 온전히 사랑스러우신 예수님의 …… 임재 안에서 모든 옹이마저 녹는다."[2]

다시 말하지만 이 목사가 말한 것은 평소 기도 생활이 아니라 유난히 풍성했던 인생의 어느 한때다. 그때 그는 하나님과의 깊은 인격적 교제를 경험하며 깜짝 놀랐고, 그것이 그를 변화시켰다. 아무리 강건한 그리스도인이라도 평소에 늘 그러한 것은 아니다. 이 말을 인용한 것은 그런 삶이 가능함을 보여 주기 위해서다. 요한일서 1장 1-4절에 따르면 성육신 덕분에 그것이 가능해졌다. 예수님은 중보자가 되어 중간의 벽을 허무셨다. 그래서 지금 우리가 하나님과의 교제를 누릴 수 있다.

당신은 그런 삶을 아는가? 우리도 기도 생활을 통해 하나님과의 풍성한 교제에 동참하고 있는가? 성육신은 하나님이 하나의 개념이나 그저 멀찍이서 아는 대상으로 남는 데 만족하지 않으신다는 뜻이다. 어떻게 해서라도 그분과 가까워지라. 크리스마스는 하나님과의 교제를 약속해 줄 뿐 아니라, 그 교제를 가꾸어 나가라는 도전이기도 하다.

마르지 않는 환희의 샘

크리스마스는 기쁨 곧 "큰 기쁨의 좋은 소식"(눅 2:10)을 뜻한다. 요한일서 1장 4절에서 사도 요한이 한 말은 '너희도 우리와 똑같이 하나님과 교제하는 기쁨을 누리지 않는 한 나의 기쁨은 충만하지 못하다'는 것이다.

요한의 저작에서 기쁨은 중요한 개념이다. 요한복음 16장 22절에 예수님은 그분을 따르는 사람들의 기쁨이 흔들리지 않을 거라고 약속하셨다. 그리스도 자신의 기쁨이 우리 안에 "충만히"(요 17:13) 재생되기 때문이다. 정말 생각만 해도 놀라운 일이다.

신약성경이 말하는 기쁨은 물론 행복이다. 그러나

부정적 환경 앞에서 물거품처럼 사라져 버리는 변덕스러운 행복은 아니다. 기쁨은 풍랑 중에도 배를 안정시켜 기울지 않게 하는 선체 맨 밑에 싣는 짐에 더 가깝다. 《반지의 제왕》 마지막 권에 미래가 절망적으로 암담해 보이는 순간이 나온다. 마법사 간달프는 세상의 무게에 짓눌린 듯 보인다. 그런데 갑자기 그가 웃음을 터뜨린다. 알고 보니 그가 겪는 모든 '근심과 슬픔'에도 불구하고 그 밑에는 "큰 기쁨이 있어 이 환희의 샘이 한번 솟구치기만 하면 온 나라를 웃게 하기에 충분하다."[3]

　　예전에 필라델피아에서 비탈진 언덕에 있는 집에서 살았다. 아예 동네 전체 이름이 본래 "힐사이드"(Hillside)였다. 덕분에 여름에 날씨가 아무리 덥고 건조해도 우리 집 지하실은 늘 서늘하고 습했다. 궁금하던 차에 동네의 한 터줏대감한테서 답을 들었다. 산기슭에서 흘러드는 지하수가 주택들의 기초 바로 밑으로 흐른다는 것이었다. 그래서 폭염에 가뭄이 들어도 지하실만은 늘 시원하고 쾌적했다.

　　시편 1편에 보면 경건한 사람을 똑같은 은유로 묘사했다. 그들은 생명의 강가에 뿌리를 내렸기 때문에 빗물에 의지하지 않는 나무와 같다(시 1:3 참조).

크리스마스가 가져다주는 기쁨은 기쁨의 지하수와 같다. 하나님이 사랑하시고 돌보아주신다는 그 확신은 환희의 샘과 같아서 당신 삶에 어떤 상황이 닥치든 늘 당신에게 새 힘이 되어 준다.

이제, 우리의 달라진 일상이
그 이름을 증언한다

단언컨대 우리가 때때로 크리스마스의 기쁨을 누리지 못하는 이유는 그것이 너무나 평범한 통로로 오기 때문이다. 그분을 '우리의 손으로 만졌다'는 요한일서 1장 1절의 주장은 언제 보아도 놀랍기만 하다. 무한하고 비범하신 분이 어떻게 그토록 유한하고 평범해지실 수 있단 말인가? 하지만 이것이야말로 크리스마스의 메시지의 핵심이다. 상상을 초월할 정도로 크신 분이 구유 안에 쏙 들어가셨다.

"하나님이 작아져 한 뼘 인간이 되신 신비"[4]를 세상은 이해할 수 없다. 세상은 거창한 볼거리를 원한다. 그래서 세상이 받아들이는 듯한 유일한 기독교 절기가 크리스마스라는 사실은 일대 아이러니다. 정작 크리스마스의 메시지는 조금도 이해하지 못하면서 말이다.

예수님은 시민운동장이 아니라 마구간에서 태어나셨다. 왕궁에 가서 사신 게 아니라 태어난 즉시 집 없는 난민이 되셨다. 아기 예수를 찾아온 손님은 고위 인사들이 아니라 목자들이었다.

내 아내가 어느 강사에게 들은 이야기인데, 그 강사는 풋볼 경기 하프타임에 해군 곡예비행단이 경기장 상공에서 초음속으로 선보이는 대담무쌍한 묘기를 구경했다고 한다. 다 끝난 후 그들은 비행장에서 헬기로 갈아타고 경기장 약 50야드(45.72미터) 선에 착륙했다. 그들이 어깨부터 장화까지 지퍼로 연결된 은빛 비행복 차림으로 헬기에서 내리자 요란한 환호가 터져 나왔다.

그 강사는 이렇게 말했다고 한다. "내가 하나님이라면 아들을 세상에 그렇게 보냈을 것입니다. 거창한 특수 효과와 군중의 환호에다 은빛 비행복까지 갖추어서 말입니다. 하지만 하나님은 그렇게 하지 않으셨습니다."

유명인사가 어떻게 행동해야 하고, 사회 운동을 어떻

게 시작해야 하는지와 관련해 예수님은 사사건건 세상의 기대를 저버리셨다. 세상은 예수님 같은 신을 이해할 수 없다.

크리스마스의 메시지도 평범하고 흔한 통로로 왔으나 세상은 이를 몹시 비위에 거슬려 한다. 내가 버지니아의 작은 마을에서 젊은 신임 목사로 있을 때 우리 교회 주위에 허름한 집과 트레일러가 많았다. 그곳에 사는 빈민층은 사회적으로나 개인적으로 문제가 많은 사람들이었다. 중산층에 가까운 우리 교회가 그 동네 한복판에서 예배를 드리면서 주민들에게 다가가지 않는 것은 잘못이라고 종종 내게 말해 주던 사람이 있었다.

그래서 어느 날 교회 집사님과 방을 세 얻어 사는 한 여성을 방문했다. 그녀는 혼자 아이를 키우며 남자들과의 깨어진 관계 때문에 가난하고 우울해진 채로 그 보수적이고 전통적인 동네에서 얼마간 손가락질을 받으며 살아가고 있었다. 아이들을 기르는 데도 도움이나 지원이 거의 없었다. 우리는 앉아서 복음 곧 기쁜 소식에 대해 오랜 대화를 나누었다. 그녀는 메시지에 기쁘게 반응하며 그리스도를 믿기로 결단했다.

일주일쯤 후에 다시 찾아갔더니 그녀는 마주앉자마자 울음을 터뜨렸다. 주중에 자기 언니에게 전화를 걸어서 나와 나누었던 대화와 자신의 새로운 믿음에 대해 말했다가 비웃음만 샀다고 했다.

"언니가 그러는 거예요. '그게 무슨 소리야? 그 목사가 하는 말이 평생을 너처럼 미련하고 부도덕한 짓만 저지른 사람도 죽기 5분 전에 회개하고 예수만 믿으면 그냥 구원받는다는 거야? 정말 착하게 살지 않아도 천국에 간다는 거야? 야, 비위에 거슬린다. 너무 쉽고 간단하잖아. 난 절대로 못 믿어! 정신차려! 너도 절대 믿어선 안 돼!'"

그녀의 언니가 생각한 구원은, 우리가 고결한 도덕적 행위로 이루어 내야 할 큰 위업이었다. 그냥 구한다고 받을 수 있는 것이어서는 안 되었다. 복음이 너무 평범해서 자존심이 상했던 것이다. 나는 울고 있는 여자에게 그녀의 확신과 위안이 사실무근이 아님을 말해 주었다.

함께 성경을 펴서 공부하면서 그녀는 분명히 깨달았다. 그리스도께서 작고 연약한 모습으로 오시되 교만한 자들을 구원하러 오신 게 아니라, 자신이 작고 연약하여 구주가 필요함을 인정하는 사람들을 구원하러 오셨음을 말이다. 그녀의 기쁨이 되살아났다. 크리스마스의 소식은 오래되었지만 지금도 사람들을 기쁘게 한다.

그리스도인의 삶은 고상한 행위와 성취로 시작되는 게 아니라 지극히 단순하고 평범한 행위로 시작된다. 바로 겸손히 구하는 일이다. 그러면 시간이 가면서 우리 안에 생명과 기쁨이 자라는데, 역시 평범하다 못해 거의 따분한 실천들을 통해 자란다. 매일 순종하는 것, 성경을 읽고 기도를 하는 것, 예배에 참석하는 것, 그리스도 안의 형제자매와 이웃을 섬기는 것, 환난 중에 예수님을 의지하는 것 등이다. 이렇게 조금씩 믿음이 자라면서 우리 삶의 기초는 기쁨의 지하수 쪽으로 점점 더 다가간다.

기쁨의 통로가 평범하다 해서 거기에 구애받지 말라. 그 평범함 속에 복음의 비범한 풍요로움이 숨어 있다. 세상이 늘 범해 온 과오를 당신은 범하지 말라. 대신 다음 사실을 기억하라.

오 놀라우신 하나님

큰 선물 주시니

주 믿는 사람 마음에

큰 은혜받도다.

이 죄악 세상 사람

주 오심 모르나

주 영접하는 사람들

그 맘에 오시네.[5]

주

_____ 프롤로그

1. 같은 크리스마스를 서로 다르게 보내는 현대 문화를 풍자적으로 비평한 다음 글을 참조하라. C. S. Lewis, "Xmas and Christmas: A Lost Chapter in Herodotus," *God in the Dock* (Grand Rapids, MI: Wm. B. Eerdmans, 1970), pp. 334-338. C. S. 루이스, 《피고석의 하나님》(홍성사 역간). 다음 웹사이트에서도 이 글을 볼 수 있다. www.khad.com/post/196009755/xmas-and-christmas-a-lost-chapter-from-herodotus.

2. Rich Juzwiak, "Christmas Is a Wonderful, Secular Holiday," Gawker.com, 2014년 12월 18일, gawker.com/christmas-is-a-wonderful-secular-holiday-1665427426.

3. Charles Wesley, "Hark! the Herald Angels Sing" (1739년). 다음 웹사이트에서 볼 수 있다. http://cyberhymnal.org/htm/h/h/a/hhangels.htm. 새찬송가 126장 〈천사 찬송하기를〉.

1. 지금 이대로는 어둠에서 헤어날 인생이 없다

1. Robert Marquand, "Václav Havel: Crisis of 'Human Spirit' Demands Spiritual Reawakening," *Christian Science Monitor*, 2011년 12월 22일. www.csmonitor.com/layout/set/print/World/Europe/2011/1223/Vaclav-Havel-crisis-of-human-spirit-demands-spiritual-reawakening.

2. Stanford University News Service, "Czech President Václav Havel's Visit to Stanford" (보도자료), 1994년 10월 4일. http://web.stanford.edu/dept/news/pr/94/941004Arc4108.html.

3. Bertrand Russell, "A Free Man's Worship," *Mysticism and Logic: And Other Essays* (London: Longmans, Green, and Company, 1919), pp. 47-48. 이 수필의 전문은 인터넷의 많은 사이트에서 찾아볼 수 있다.

4. Dorothy L. Sayers, "The Greatest Drama Ever Staged," *Creed or Chaos? And Other Essays in Popular Theology* (London: Hodder and Stoughton, 1940), p. 6.

5. J. R. R. Tolkien, *The Two Towers* (New York: Random House, 1986), p. 372. J. R. R. 톨킨, 《반지의 제왕: 두 개의 탑》(씨앗을뿌리는사람 역간).

6. C. S. Lewis, *Miracles* (New York: Macmillan, 1947), pp. 115-116. C. S. 루이스, 《기적》(홍성사 역간).

2. 흠투성이 인생들을 '은혜의 식탁'에 둘러앉히시다

1. Anthony Lane, "The Hobbit Habit," *New Yorker*, 2001년 12월 10일.

2. "인정사정 봐 주지 않는 자연"이라는 문구는 다음 시에 나온다. Alfred Lord Tennyson, *In Memoriam*, Canto 56 (Cambridge, UK: Cambridge University Press, 2013), p. 80.

3. John Milton, "Let Us with a Gladsome Mind" (1623년). 다음 웹사이트에서

볼 수 있다. http://cyberhymnal.org/htm/l/e/letuglad.htm.

4. 이 문구는 역사가 오래되었고 많은 버전이 있다. 본문에 택한 것은 그 중 내가 제일 좋아하는 표현이다. 플루타르크(Plutarch)로 추적해 올라가는 이들도 있으나 현대의 가장 잘 알려진 버전은 독일어 시를 옮긴 롱펠로우(Longfelleow)의 영역본에 나온다. Henry Wadsworth Longfellow, "Retribution," *The Poetical Works of H. W. Longfellow* (London and Edinburgh: T. Nelson and Sons, 1852), p. 336. 시의 역문은 이렇다. "하나님의 맷돌은 천천히 돌지만 아주 고운 가루로 만든다. 그분은 참을성 있게 서서 기다리시지만 모든 것을 정확히 갈아 내신다." 시의 배후에 깔린 사상은, 시간이 걸리는 것 같아도 결국 하나님은 자신의 목적을 정확히 이루신다는 것이다.

_____ 3. 당신을 혼자 두지 않기 위해 당신처럼 되셨다

1. 이 구절은 동정녀 탄생의 교리를 가르쳐 준다. 이는 기독교의 유서 깊은 신조인데, 이를 둘러싼 이슈들을 가장 잘 논한 자료는 지금까지도 단연 이 책이다. J. Gresham Machen, *The Virgin Birth* (New York: Harper, 1930).

2. J. I. Packer, *Knowing God* (Downers Grove, IL: InterVarsity Press, 1973), p. 53. J. I. 패커, 《하나님을 아는 지식》(IVP 역간).

3. 같은 책.

4. 다음 웹사이트를 참조하라. http://www.dictionary.com/browse/crisis.

5. Packer, *Knowing God*, pp. 63-64. J. I. 패커, 《하나님을 아는 지식》(IVP 역간).

6. 내가 번역하여 풀어쓴 표현이다.

7. 다음 책을 참조하라. Timothy Keller, *The Songs of Jesus* (New York: Viking, 2015), p. 1(시편 1편), pp. 304-325(시편 119편). 팀 켈러, 《팀 켈러의 묵상》(두란노 역간).

───── 4. 내 속에 날뛰는 '헤롯 왕'이 물러나야 한다

1. 이 말을 입증해 줄 성경 본문은 너무 많아 여기에 다 열거할 수 없다. 다음 책에 자세히 논했다. Timothy Keller, *Generous Justice: How God's Grace Makes Us Just* (New York: Riverhead, 2012). 팀 켈러, 《팀 켈러의 정의란 무엇인가》(두란노 역간).

2. Thomas Nagel, *The Last Word* (Oxford: Oxford University Press, 1997), p. 130.

3. William Billings, "Methinks I See a Heav'nly Host," *The Singing Master's Assistant* (1778년). 다음 웹사이트에서 볼 수 있다. www.hymnsandcarolsof christmas.com/Hymns_and_Carols/heavenly_host.htm.

PART 2

───── 5. 믿음의 여정, 그분의 이끄심이 필요하다

1. John Newton, "Let Us Love and Sing and Wonder" (1774년). 다음 웹사이트에서 볼 수 있다. http://cyberhymnal.org/htm/l/e/letuslov.htm.

2. John Wesley, "Covenant Prayer," *Book of Offices of the British Methodist* (London: Methodist, 1936). 다음을 비롯한 여러 웹사이트에서도 이 기도문을 볼 수 있다. www.beliefnet.com/columnists/prayerplainandsimple/2010/02/ john-wesleys-covenant-prayer-1.html.

3. Elisabeth Elliot, *The Path of Loneliness* (Grand Rapids, MI: Fleming H. Revell and Baker Books, 2001), p. 124.

_____ 6. 복음을 바로 보는 만큼 두려움은 힘을 잃는다

1. Edwin Hodder, "Thy Word Is Like a Garden, Lord" (1863년). 다음 웹사이트에서 이 찬송가를 볼 수 있다. http://www.hymntime.com/tch/htm/t/h/y/thywilgl.htm.

2. C. S. Lewis, "The Seeing Eye," _Christian Reflections_ (1967; 재판, Grand Rapids, MI: Wm. B. Eerdmans, 2014), pp. 206-210. C. S. 루이스, 《기독교적 숙고》(홍성사 역간).

_____ 7. 마음을 찌르는 칼, 참평화를 위한 불화다

1. Larry Hurtado, _Why on Earth Did Anyone Become a Christian in the First Three Centuries?_ (Milwaukee, WI: Marquette University Press, 2016), pp. 73-94.

2. J. C. Ryle, _Holiness (Abridged): Its Nature, Difficulties, Hindrances, and Roots_ (Chicago: Moody, 2010), p. 119. J. C. 라일, 《성결》(기독교문서선교회 역간).

3. 같은 책, p. 111.

4. John Rippon, "How Firm a Foundation" (1787년). 이사야 43장 2-3절에 기초한 이 찬송가를 다음 웹사이트에서 볼 수 있다. http://cyberhymnal.org/htm/h/f/hfirmafo.htm.

_____ 8. 되찾은 그 이름 예수, 이제 감출 수 없으리라

1. Robert Yarbrough, _1, 2 and 3 John: Baker Exegetical Commentary on the New Testament_ (Grand Rapids, MI: Baker Academic, 2008), p. 36.

2. Daniel Steele, _Milestone Papers: Doctrinal, Ethical, Experimental on Christian Progress_ (New York: Phillips and Hunt, 1878), pp. 80, 106. 다음 웹사이트에서 볼 수 있다. www.craigladams.com/Steele/page80/page106/.

3. J. R. R. Tolkien, _The Lord of the Rings: The Return of the King_ (1955; New York: Random House, 1986), p. 17. J. R. R. 톨킨, 《반지의 제왕: 왕의 귀환》(씨앗을뿌

리는사람 역간).

4. Charles Wesley, "Let Heaven and Earth Combine," *Hymns for the Nativity of Our Lord* (London: William Strahan, 1745), 5장 찬송.

5. Phillip Brooks, "O Little Town of Bethlehem" (1867년). 다음 웹사이트에서 볼 수 있다. http://www.cyberhymnal.org/htm/o/l/olittle.htm. 새찬송가 120장 〈오 베들레헴 작은 골〉 3절 가사.

감
사
의
말

재니스 워스에게 감사한다. 해마다 호의를 베풀어
주는 덕분에 양지 바른 플로리다에서 두 주씩 호젓하고 실
속 있게 글을 쓸 수 있다. 이 책의 원고도 내가 세상에서
제일 좋아하는 방 중 하나인 그녀의 서재에서 썼다. 여름
철 집필 기간 동안 요긴한 후원을 베풀어 준 사우스캐롤라
이나 찰스턴의 브라이언과 제인 맥그리비 부부 그리고 린
랜드에게도 감사한다.

바이킹 출판사의 편집자 브라이언 타트와 내 저작권
대리인 데이비드 맥코믹은 늘 그렇듯이 내게 무엇에도 비
할 수 없는 동역자요 지원군이 되어 주었다. 아내 캐시는

이 책을 공저하지는 않았지만 교정을 거들어 주었고, 우리는 원고의 많은 부분을 서로 소리 내어 읽어 주었다.

이 책의 내용은 처음부터 글로 쓴 게 아니라 본래는 설교였다. 각 장마다 해당 성경 본문에 대한 적어도 열 편 이상의 묵상과 설교로 이루어져 있으며, 지난 수십 년에 걸쳐 크리스마스 예배에서 전했던 것들이다. 그래서 끝으로 그동안 나의 가족들이 속했던 회중들에게 감사하고 싶다. 예수님의 탄생을 함께 축하하고 기념했던 그들은 웨스트호프웰장로교회(1975년부터 1983년까지의 크리스마스), 펜실베이니아 젠킨타운의 뉴라이프장로교회(1984년부터 1988년까지의 크리스마스), 뉴욕의 리디머장로교회(1989년부터 2016년까지의 크리스마스) 등이다. 이 교회들에서 나는 성도들과 함께 무한히 풍성한 크리스마스의 의미를 배웠다.

약속대로 이 땅에 오셨던 예수,
약속대로 그 날, 다시 오실 것이다.